文學叢刊八十九

歷史的誤會

張放著

文史哲出版社印行

國家圖書館出版品預行編目資料

歷史的誤會 / 張放著. -- 初版. -- 臺北市：文史哲, 民 88
面： 公分. -- （文學叢刊；89）
ISBN 957-549-212-9(平裝)

855 88007483

文 學 叢 刊 ⑻⑼

歷史的誤會

著　者：張　放
出版者：文史哲出版社
登記證字號：行政院新聞局版臺業字五三三七號
發行人：彭正雄
發行所：文史哲出版社
印刷者：文史哲出版社
臺北市羅斯福路一段七十二巷四號
郵政劃撥帳號：一六一八〇一七五
電話 886-2-23511028．傳眞 886-2-23965656
實價新臺幣二六〇元
中華民國八十八年十月初版

ISBN 957-549-212-9

自序

黑格爾說過：「老年人只要保持觀照的感受的活力，正是詩創作最成熟的爐火純青的時期。」

許多人在青年時期，意氣風發，情感充沛，創作力強；但等到了晚年，思想成熟、經驗豐富，正值藝術創作步向巔峯階段時，他的記憶力卻已衰退，思維混亂，身心慵懶散慢，有的甚至成為糊塗、痴呆老人，這是普遍的現象。如果以我國軍事學家蔣百里的話，「行百里九十者半」來詮釋此一問題，這都是失敗的作家和藝術家，也像魯迅所說的「空頭文學家或美術家」。

今年五四文藝節晚上，畫家牟崇松因鼻咽癌症去世。他是我相識四十多年的同學和朋友。他刻苦、勤奮，把藝術看得比生命更為重要。他對自己作品永不滿意，似乎始終不進步，難以突破理想境界。三年前，崇松效法石濤「搜盡奇峯打草稿」的精神，抱病渡過海峽，游覽了黃山、九華山和張家界，歸來拾筆作畫，氣勢磅薄，畫風為之一變。正當牟崇松的藝術生命步向金光大道，癌症卻奪走了他的軀體，這怎不是一件讓人惋惜的事！

也有少數文學朋友，青年時代活躍文壇，曾獲取過文學獎，但是他卻陶醉在往昔的榮耀和掌聲中，放棄了創作。彷彿成為一位返歸田園的隱士，功成名就，馬放南山，蹲在家裡搓麻將、發牢騷，混吃悶睡等死。這是文學藝術家的悲哀，也是民族的悲哀。直白地說，我藐視這些「空頭文學家或美術家」，我敬佩像牟崇松這樣為藝術堅持到底的朋友。崇松生前和我疏於交往，相知不深，但我是非常佩服他的。他的死，是我們文藝界的重大損失！

近幾年來，不少作家紛紛移民海外，像《紅樓夢》裡的賈政，搬出了口舌紛擾、爾虞我詐的大觀園，跑到窮鄉僻壤的農莊，為了「村居養靜」。但是，作為反映現實社會人民生活的詩人、散文家和小說家，若離群而居，如同僧侶閉關、面壁一樣，他是難以寫出優美真摯的作品。曾獲長篇小說《芙蓉鎮》獲取茅盾文學獎的湖南作家古華，移居加拿大後，仍舊勤奮寫作不輟，但是他以「京夫子」作筆名發表的紀實內幕小說，平心而論，它有何藝術價值？

葉石濤說：「沒有土地，哪有文學」。文學作家離開了自己的土地，聽不見熟悉的語言，看不到熟悉的面孔，他像是沙漠中的旅行者，看不見人的影子，聽不到鳥聲啁啾。過去俄國作家高爾基，流放於風光秀麗的義大利拿波里，終日唉聲嘆氣，愁鎖眉尖，寫不出文學作品，他內心痛苦至極，精神幾乎崩潰了！作家只有生活於自己民族的土地上，他才創作出群眾喜聞樂見的文學作品。

我是一九四九年六月二十八日從廣州渡海到達澎湖的。歲月悠悠，轉眼間已過半個世紀。我幸運地在這個春天的海島上唱喜歌、吹大牛、寫情書、追女生、跑龍套、跳加官；我做了不少好事善事公益事，也做了很多傻事壞事和笨事。如今我已是滿頭白髮的老芋仔了！

前年，我患了攝護腺腫大症、肺炎、眼角膜炎、右側顏面神經痲痺症。雖然距離死亡日期尚遠，但我卻有了警惕心，即使每日服鹿茸燕窩冬蟲夏草靈芝蜂膠保力達**P**加冰塊，我也活不了二十年了。趁頭腦清楚，我得趕緊清理思緒，總結經驗，寫出一些讓讀者比較滿意的作品。

路曼曼其修遠兮，

吾將上下以求索。

詩人屈原的詩句如一盞明燈，照亮了我們前進的路。

一九九九年文藝節新店溪畔

歷史的誤會　目次

目次

談話

人到晚年，方悟出人生的寂寞。許多移民海外的朋友，總會向我訴說寂寞的苦況。有時，三五日沒有人跟他講一句話，每日過著和尚似的面壁生活。

蘇東坡曾給一位詩友寫信說：「歲行盡矣，風雨淒然。紙窗竹屋，燈火青熒，時於此間，得少佳趣。無由持獻，獨享為愧，想當一笑也。」

寫信、傳真、打電話，都如同和朋友談話一樣，可以排除寂寞。大抵知識分子最苦惱的則是找不著談話的對象。所謂言語無味、面目可憎的經驗，作家感受最為敏銳。我有一位老朋友，住在隔壁，每逢會面，他總向我嘮嘮叨叨，大談股票漲跌情況，讓我聽得頭皮發麻，血管賁張。常聯想起章回小說慣用的描寫：「恨爹娘少生兩條腿。」真想鞋底抹油，溜之大吉。

也許你批評我沒有修養，我也承認。近年來常以隨緣二字，與人相處。有無緣分，這是抽象的詞匯，其實就是雙方順眼不順眼，有否共同的語言。語言是人類思想情感的溝通工具，它是以語音為物質外殼，以詞彙為建築材料，以語法為結構規律，構成的體系。所以語言是一種特殊的社會現象。

記得周作人說過這樣的話：「在這樣的時候，常引起一種空想，覺得如在江村小屋裡，靠玻璃窗，烘著木炭火缽，喝清茶，同友人談閒話，那是頗愉快的事。」周作人盼望的友人，應是具有共同語言的友人，那才聊起來愉快；否則像我隔壁那位終日泡在證券市場的仁兄，跟他談股票經，周作人不發瘋才怪哩。

「酒逢知己千杯少，話不投機半句多。」這是家喻戶曉的話。我不會飲酒，對於前一句毫無經驗，沒有發言權。但是對於「話不投機」的朋友，特別是文藝圈的朋友，似乎碰到的不算少；年輕時常爭論得面紅耳赤，而今為了健康，碰到這種朋友，三十六計走為上策，免得自尋煩惱。

波斯有句諺語：「心地純潔的人敢說話。」我最愛聽性情直爽的人講話。即使他講的沒啥道理，心裡也感覺痛快，像三伏六月天吃下冰鎮的沙瓤西瓜一樣。

過去我有一位朋友，在大學教授近代史。年屆四旬，尚未娶妻。別人為他介紹女友，約定在臺北西門町一家咖啡館會面。我這位朋友有職業病，話題先從鴉片戰爭談起，一直講到八國聯軍、慈禧太后逃難、聯軍火燒圓明園……那位小姐聽得頭昏眼花，不時從皮包取出紅花油塗抹額頭。

「你不舒服麼？是不是感冒，要多喝水。」我的朋友誠懇地說。

「不。」小姐搖著頭，低聲問他：「快下課了吧？」

不用問，這位小姐走後，再也不回來聽「近代史」了。

這不是我編的笑話，而是真人真事。後來，有一個年輕貌美的聾啞女孩，竟然愛上了他，他們在羅斯福路新愛群餐廳結婚，我臨時被叫去客串介紹人，而且還在親友鼓譟下，代表新郎報告「戀愛經過」。套句新郎的慣用詞：這已是寧漢分裂時期的往事了……

《浮生六記》的沈三白和芸娘，夫婦之間談詩論詞，終日有談不完的話題，固然令人羨慕；但是我的朋友和賢慧美麗的聾啞嬌妻，朝夕相聚，如膠似漆，過著只羨鴛鴦不羨仙的生活，更是羨煞天下蒼生。

「少小不努力，老大徒傷悲」，這句格言彷彿在嘲笑我。每日穿梭於公共汽車上，或坐或立，常聽到討厭的話音、煩人的話題，恨不得自己變成一個聾子，聽不見無味的語言。「躲在小樓成一統，管它冬夏與春秋」。泡一杯包種茶，點上一支香菸，看《聊齋》、聽鬼話，反而心身舒暢自在。可是，唉唉，不擠公車去上班怎麼行？你讓我整天坐在電視機前，看那耍貧嘴、開黃腔的臺灣電視節目，豈不逼著我跳樓麼！

吸菸

最早吸菸的人，大抵以軍人為多。滿洲人入關以後，軍隊中幾乎人人吸菸，朝廷也從未發布禁菸命令，因而清朝的公卿士大夫，販夫走卒，甚至婦女也紛紛學會了吸菸。

菸草原名「淡巴孤」或「淡婆姑」，都是Tobacco一字。它是西元一六一九年先後傳入中國的。吸菸傳入我國有兩條途徑：一條從朝鮮傳進東北，因此滿族同胞首先學會吸菸，另一條從菲律賓傳到福建。這兩條途徑傳進的時間，均在明神宗萬曆末年。換言之，我國人吸菸已有三百八十年歷史了。

明末清初時期，我國人吸的是旱菸，吸旱菸的工具是一根長形中通的竹管，下面裝菸斗或挖一小洞，把菸葉或菸絲放在菸斗中，用火點燃吸菸。當時製造菸是將菸葉採集曬乾，上面塗上茶油，再用刀切成細絲即成。一般農民曬乾了菸葉碾成碎末就可吸了。

清朝最愛吸菸的如乾隆年間的紀曉嵐，菸癮特大，使用的菸斗最大，每次可裝一兩多菸葉，綽號「紀大菸袋」。名將彭玉麟菸癮也大，傳為佳話。清初韓慕廬既愛吸菸又愛飲酒。王士禎在《分甘餘話》中記述：

韓慕廬宗伯，嗜菸草及酒，康熙戊午與余同典順天之文闈，酒杯菸筒，不離於手。余戲問曰：「二者乃公熊魚之嗜，則知之矣；必不得已而去，二者何先？」慕廬俯首思之良久，答曰：「去酒。」大爲一笑。

韓慕廬是一位著名詩人，他主持翰林院時，寫了不少《淡巴孤詩》．可惜早已失傳了。

吸菸成癮，戒菸比戒酒還要困難，美國小說家馬可・吐溫說過：「戒菸是一件很容易的事，但是我已經戒過一百多次了。」吸菸對身體有害，原是普通常識，但是在清朝吸菸盛行的時代，竟然有人說「菸可治風寒脾濕，滯氣停滯，山風瘴霧，吸一口菸可使人通體俱快。」不過，當時醫界也提出吸菸會「火氣薰灼，耗血損年」，因此許多人吸菸前先含一口水，然後再吸，以解菸毒，後來便發明了水菸。

水菸比旱菸晚一百年。菸具叫「水菸袋」或「水菸筒」。它是甘肅蘭州人發明的。《菸餘》上說：「蘭州五泉山下產菸草，既製，必隔水吸之，入腹而後吐，醉人尤易。其器曰壺，其菸必磁錫器盛者，蓋濕食也。」民初徐珂《清稗類抄，吸水菸》上說：「水菸有皮絲、淨絲、青絲之別，皮絲產福建，淨絲產廣東，青絲產陝西。吸菸之具，截銅為壺，長其嘴，虛其腹，鑿孔如井，插小管中，使之隔菸，若古錢樣。中盛以水，燃火而吸之，吸菸水作聲，汩汩然，以殺火氣。吸者以上中社會之人為多，非若旱菸之人人皆吸也。」從徐珂這段描寫中，可以具體地呈現出吸水菸袋的形象。

王士禎《漁洋夜談，水煙技》中，記述一位名叫周子畏的人，吸水菸能吐煙圈，令人嘆為觀止。

> 楚人周子畏者，好水菸，其技遂以菸名。年六十，游京師，飲器高三、四尺許，白銅爲之腹，可容升水，日不常嗜，嗜必盡八兩，呼呼欲移晷，周吸罄，初不見口鼻中出一縷也，必擇靜室一間，紙堊光潔，無漏罅處，亦無風入處，周入室，觀者隨之。周踞坐，先伸頸垂首張口，照地一吻，吐落一圈，大如簸，再以舌抵顎上，出齒際，則成一大蝠，如是再、再而三，但見蝠飛圈外，圈套蝠中，愈出愈多，眞如月暈日環，幻化出百千萬億圈子，或粘壁間，或施地上，或印人衣履，或套人頭頂，不可思議。

我非常懷疑周子畏有如此精湛的吐煙圈絕技，若真有此人，他參加技藝團表演，一定轟動世界五大洲。

凡是會吸菸的人，才知道吸菸的樂趣。看書、寫作，一枝香菸在手，提助精神，增加靈感；打麻將時，若是抽幾口香菸，確有醒腦作用；至於「飯後一根菸，快活似神仙」，更是家喻户曉的諺語。近年來，全球各地倡導戒菸運動，許多公共場合不准吸菸，實在做得過火。我常見廁所中有些吸菸客瞪著充血的眼睛，拚命吸菸，嘴裡咕嚕著罵人。我對這些吸菸客湧出無限的同情。

清朝王昭梃《嘯亭雜錄》上說：「劉文定公（綸）武進人，少時家貧窮，曾至絕食。嘗以竹菸筒乞菸草於鄰家，鄰人誚曰：菸草消食，勿多吸也。公笑受之。」劉綸菸癮上來，向別人討菸草吸，可見吸菸和吃飯一樣重要。為了維護空氣清潔，把許多吸菸的人趕進廁所，確實有點殘忍；而躲在廁所拉屎的、撒尿的，只得呼吸烟籠霧鎖的污濁空氣，請問倡導戒菸的團體知道否？

香菸亦稱紙菸，它是晚清年間傳入中國的。光緒二十八年，上海成立「英美菸草公司」，生產香菸，因為它攜帶便利，價格低廉，所以迅速地取代了旱菸、水菸。我在年輕時愛吸順風牌菸，菸枝粗大，味道香醇，而且包裝美觀，那是海軍委託「臺灣菸酒公賣局」製造的。客觀而論，它比九三牌、八一四牌香菸好吸些。三軍停止委託造菸後，我改吸新樂園、雙喜或幸福，偶爾也在黑市商店買回英國三砲台菸、美國駱駝牌或聞司頓牌香菸來吸。後來因患支氣管症，慧劍斬情絲，我終於結束了二十年吞雲吐霧的吸菸生活。

飲酒

我國是飲酒的民族，約在五千年前龍山文化早期，便有先民開始釀酒。東漢許慎《說文解字》：「古者儀狄作酒醪，禹嘗之而美，遂疏儀狄、杜康作秫酒。」從此可以證明夏禹時代就有了酒。到了周代，釀酒已發展為獨立的手工業。

秦漢以後，隨著農業經濟的發展，釀酒也隨著有了質與量的進步。《史記・孝文本紀》詔書說：「朕初即位，其赦天下……酺五日。」酺，指百姓齊聚暢飲，可見當時飲酒的盛行風氣。

飲酒在知識分子之間，發生推波逐瀾的宣傳作用。漢朝揚雄說過一句豪語：「熟讀離騷，痛飲酒，方得為真名士。」酒與詩相結合，從此更助長了飲酒風氣。

晉朝詩人陶淵明飲酒聞名於世，他寫的〈五柳先生傳〉形容自己說：「性嗜酒，而家貧不能恆得，親舊知其如此，或置酒招之，造飲輒盡，期在必醉，既醉而退，曾不吝情去留。」陶淵明任彭澤令時，下令把公田全部種黍，以便釀酒。後來他妻子堅持留些田種粳煮飯吃，他才下令種黍二頃五十畝，剩下五十畝種粳。從此可見詩人陶淵明多麼嗜酒！

唐朝有「飲中八仙」，李白、賀知章、李適之、汝陽王李璡、崔宗之、蘇晉、張旭、焦遂，文采風晉、張旭、焦遂，文采風流，嗜酒如命，結為酒友。《舊唐書‧傅奕傳》上說：「奕為太史令，常醉臥，蹶然起曰：吾其死矣！因自為墓志曰：傅奕，青山白雲人也，因酒醉死，嗚乎哀哉！」這位老兄如此嗜酒，真是率真而瀟洒！

宋仁宗時代有位學士石曼卿，氣宇軒昂，酒量極大，而且喝酒名堂也多，有時他露髮跣足坐地喝酒，稱為「囚飲」；有時爬上樹梢飲酒，稱為「巢飲」；深夜不點燭摸黑飲酒，稱作「鬼飲」；飲完一杯酒爬到樹上再爬下來喝，稱作「鶴飲」……宋仁宗愛他的文才，勸他戒酒，以維護健康身體，不料石曼卿戒酒後不久卻病逝了。

辛稼軒是詩人，有不少膾炙人口的吟酒詩稿。如〈沁園春〉是「將止酒，戒酒杯使勿近」。其實辛稼軒何曾戒過酒？有詩為證，「杯汝來前，老子今朝，點檢形骸，甚長年抱渴，咽如焦釜；於今喜睡，氣似奔雷。漫說劉伶，古今達者，醉後何妨死便埋？渾如此，嘆汝於知己，真少恩哉！更憑歌舞為媒，算合作平居鴆毒精。況怨無大小，生於所愛；物無美惡，過則為災。與汝成言，勿留亟退，吾力猶能肆汝杯。杯再拜道：麾之即去，招則須來。」

清朝時，南京陳文藻，號蒼厓，家貧嗜酒。一日，家中只剩一文錢，又拿去買酒喝。他一邊喝一邊作詩解嘲：「蒼厓先生屢絕糧，一錢猶自買瓊漿；家人笑我多顛倒，不養飢腸療渴腸。」

舊時代的知識分子為了增添飲酒樂趣，從唐朝以來便流行酒令，亦約行令飲酒。席間推舉一人為令官，其也人聽令輪流說詩詞、聯語或作其他類似遊戲。違令或輸者罰酒。

不過，大眾化的飲酒娛樂則是划拳，又稱「豁拳」、「拇戰」。係指兩人同時出拳伸指，並同時喊出一個數字，以符合雙方伸出的手指所表示的數字之和者為勝。負者罰飲酒。呼喊的數字，並不呼一、二、三、四，代替的則是「一定高陞」、「咱倆好」或「哥倆好」、「三星照你」、「四季發財」等，皆是吉利話。

自古以來，許多人仕途不如意，理想不能實現，就去飲酒，借酒澆愁。曹操的〈短歌行〉中有「何以解憂，唯有杜康」詩句。其實，喝酒並不能忘掉煩愁，因為一個人不能永遠沉浸於醉酒狀態中；等他一旦醒來，他又開始了煩愁。除非此人醉死，停止了呼吸才行。

至於喝酒可使靈感泉湧、詩興盎然，全是一派胡言。李白「斗酒詩百篇」的謠傳，害慘了天下蒼生，也貽誤了千萬青年成為空頭文學家或美術家。

詩人李商隱曾說李賀創作辛勤，每日堅持寫作，「非大醉及吊喪日率如此。」日本棋王藤澤秀行，嗜酒如命，但在他每場比賽前，卻住進醫院，「避酒養靜，滴酒不沾」。因為詩人寫作時，產生活躍的思維和強烈的情感衝動，必須依賴用腦時的營養供應狀況，即是血糖的含量。飲酒可使血糖下降，詩人感到倦怠，思維不能集中，所以寫不出什麼東西。因此，「斗酒詩百篇」是假話，酒話，偉大的空話。

茶　話

鄭板橋寫過一副聯語：「從來名士能品水，自古高僧愛飲茶。」因為佛門中有不少詩人墨客，才出了很多愛茶僧人。

喝茶，在中國是傳統文化之一。它已有四千年悠久歷史。《詩經》中有「誰謂茶苦，其甘如飴」、「采茶薪樗，食我農夫」的話，古代人稱「茶」為「茶」，是當作藥材來服用的。後來，人們發現這種飲料不僅治病，也能清熱解渴，於是大量種植，從此蔚成飲茶的風尚。

唐朝有一位最愛喝茶的詩人盧仝，寫過一首〈謝孟諫議寄茶〉長詩，其中有一段敘述喝茶之樂的詩句，讓人回味無窮：

……柴門反關無俗客，紗帽籠頭自煎吃，

碧雲引風吹不斷，白花浮光凝碗面；

一碗喉吻潤，二碗破孤悶，

三碗搜枯腸，唯有文字五千卷；

四碗發輕汗，平生不平事，盡向毛孔散，

五碗肌膚清，六碗通仙靈，
七碗吃不得也，唯覺兩腋習習清風生。
盧仝對喝茶體會出如此清遠的境界，可見他嗜茶如命，所以贏得「茶聖」的封號。後世畫家常畫「盧仝烹茶圖」，便是紀念他對飲茶所寫的詩稿。

歷代詩人講究喝茶，論述甚多。我認為陳金詔《觀心室筆談》所述，最為可取。他說：「茶色貴白，白亦不難，泉清瓶潔，旋烹旋啜，其色自白。若極嫩之碧蘿春，烹以雨水文火，貯壺良久，甚色如玉。冬猶嫩綠，味甘香清，純是一種太和元氣，沁入心脾，使人之意也消。」他還說：「茶必色香味三者俱全，而香清味鮮，更入精微。須真實深嗜者之性情，從心肺間一一淋漓而出。」

詩人嗜茶，平民百姓也喜愛喝茶。江南地區民間多用竹筒盛茶水，筒大的三四節，小的一二節，兩邊做起耳朵，繫以麻繩，為農村每家必備之物。凡上山下田勞動，農民皆用茶筒盛了茶水帶走。新疆的維吾爾族、哈薩克族、柯爾克孜族、塔吉克族人民，外出攜帶茶葉袋。這種袋子長十七厘米，寬十厘米左右、繡花、帶穗。從此看來新疆少數民族普遍愛喝茶。

唐朝時期，茶館已很盛行。在茶館服務的伙計，稱「茶博士」。北宋汴梁的茶館，甚為講究。南宋臨安城的茶館「插四時花，掛名人畫」、「列花架，安頓奇松異檜等物」。洪邁《夷堅志》上記叙：「嘉會門外，茶肆中有見幅紙用緋貼其尾云：

今晚講說漢書。」到了明、清以來，茶館行業更為發展。北京茶館門前掛有「龍井」、「雨前」小木牌幌。茶館備有棋具供客人租用，有說評書、唱大鼓的，也兼賣酒或飯食的。清同治年間，北京茶樓高達三四層，座位可容千人。廣州人清晨多去茶樓飲茶吃早點，迄今依然如此。至於大陸各地的茶館，如雨後春筍，各有特色，是群眾喝茶、聊天、消閒解悶的場所。

別看茶館人聲嘈雜、萬頭鑽動，但坐在那兒，或看書報，或與知己聊天，鬧中取靜，其樂無窮。只有常坐茶館的朋友，才真正體會出「臣門如市，臣心如水」的道理。

我在單身漢時把茶館視作圖書館和教室。我曾在亂烘烘的茶館裡，通讀了俄國十九世紀的屠格涅甫、杜思陀也夫斯基等人的小說。

喝茶好處極多，不用我來饒舌。文震亨的《長物志．香茗》上說：「香茗之用，其利最溥。物外高隱，坐語道德，可以清心悅神。初陽薄暝，興味瀟騷，可以暢懷舒嘯。晴意榻帖，揮塵閒吟，篝燈夜讀，可以遠辟睡魔。青衣紅袖，密語談私，可以助情熱意。坐雨閉窗，飯餘散步，可以遣寂除煩。醉筵醒客，夜語蓬窗，長嘯空樓，冰弦戛指，可以佐興解渴。第焚煮有法，必貞夫韻士，乃能究心耳。」

我的朋友詩人疾夫，當年帶了女友從鳳山跑到左營啓明堂湖畔茶館喝茶，被我撞個正著，拊掌大笑。歲月悠悠，而今疾夫伉儷已兒女成行作了阿公了。

喝茶是文化生活。宋朝詩人李清照、趙明誠夫婦翻書賭茶，傳為佳話。「坐歸來堂烹茶，指堆積書史，言某某事在某書，在某卷，第幾頁，第幾行，以中否決勝負，為飲茶先後。中則舉杯大笑，或至茶覆懷中，反不得飲而起。」這幅閨房行樂圖，羨煞人也。

睡眠

如果一個人活八十年，那他睡眠時間則有四十載，睡眠與覺醒為周期性交替出現的機體狀態。人在睡眠時往往失去知覺。它是怎樣使腦功能得到恢復，到現在科學尚無精確的解說。有人說，睡眠比吃飯還要重要，確有道理。

唐末，趙匡胤年輕時和隱居華山的道士陳搏下圍棋，陳搏問拿什麼作賭注？趙匡胤開玩笑說：「就拿華山作賭注吧。」結果趙匡胤輸了。後來趙匡胤作了宋太祖皇帝，下令華山不用征稅。他親自上山請陳搏下山幫他治理天下，陳搏卻寫了一首〈愛睡歌〉給他，婉拒下山。

臣愛睡，臣愛睡，不臥氈，不蓋被。片石枕頭，簑衣鋪地。地震雷掣鬼神驚，臣當其時正鼾睡。閒思張良，悶想范蠡，說甚麼孟德，休言劉備，三四君子，只是爭些閒氣！怎如臣向青山頂上白雲堆，晨開眉頭，解放肚皮。且一覺，管甚玉兔東升，紅輪西墜。

趙匡胤看了陳搏的〈愛睡歌〉，了解他的「鐘鼎山林各有天性」，也就無可奈何告辭而去。平心而論，陳搏這種瀟灑的生活態度，畢竟是幸福的。

我國歷史上最愛睡覺的人，應推宰予。《論語》記載：「宰予晝寢，子曰：朽木不可雕也。糞土之牆，不可污也。」少年時讀到此處，內心極為不服。白天打瞌睡，並非罪過，何必罵得這麼厲害，豈不知愛睡午覺的人太多了麼。

漢朝時，陳留郡有一位學問淵博、名滿天下的人，名叫邊韶，字孝先。他有數百位門生。邊韶是個胖子，時常白天打瞌睡。他的門生寫了一張紙條，貼在書房門口：「邊孝先，腹便便；懶讀書，但欲眠。」邊韶看了打油詩，大怒。立刻答道：「邊為姓，孝為字，腹便便，五經笥，但欲眠，思經事，寐與周公通夢，靜與孔子同意，師而可嘲，出何典記。」門生聽了，一個個狗挾尾巴，溜之大吉。

韓愈也是胖子，也嗜睡。他去孔戣家作客，孔戣不準備酒食，卻準備舒適的睡床和枕頭，讓他睡覺。杜牧也愛睡覺，酒量也不錯，每當酒後納頭便睡。別人勸他飯後睡覺，有違養生之道。杜牧說：你沒見過裝米的袋子麼？米袋子裝滿了米，只有放倒才最穩當。杜牧有一首〈醉眠〉，詩曰：「秋醪雨中熟，寒齋落葉中。幽人本多睡，更酌一樽空。」這是自我解嘲的話。

宋朝夏侯隱愛睡覺，甚至登山渡水也能閉目沉睡，而且發出鼾聲。卻不會失足跌跤。這使我聯想起過去戰爭年代，軍隊開赴前線抗日，日夜行軍，因為士兵疲睏至極，不少士兵邊走邊睡，肩上扛著槍枝，背上還攜帶彈藥、鐵鏟、棉被、和十字鎬。有的能睡數十公里崎嶇山徑，這種本事比夏侯隱還強得多。

「夏日炎炎正好眠」，但是夏日晌午熱得要命，很難入睡。王安石愛睡午覺，他發明用方瓷枕當枕頭睡覺。別人問其原因。他說：人睡久了，熱氣蒸枕，可以把方枕轉一面，依舊睡涼枕。足見這位政治家真正懂得睡中三昧。

睡覺可以韜光養晦，遺世卻俗，暫時擺脱外界的干擾與煩惱。不少退休還鄉的官僚政客，常以睡覺來婉拒來客。宋朝范仲淹次子范純仁，正直敢言，因彈劾奸臣章惇被貶至永州。范純仁在永州時，常有遠客慕名到訪，堅求一見。范純仁出堂見客，稍作寒暄，便喚僮僕掃榻設枕。范純仁便對客人說：「在下老病，不能久坐。」隨上床而眠，不久已發出鼾聲。客人只好跟著入睡。等二人醒來時，天已昏黑，便送客而別。范純仁這種手段，固然不近人情，但對於一些附庸風雅的無聊客人，也只得出此下策了。

麻將桌旁

詩人曾今可填過一闋詞，其中有這樣的詞句：「國家事，管他娘，打打麻將。」詩人生前受到不少衛道者的抨擊。平心而論，打麻將若非沉溺賭博，藉以消遣娛樂、招待朋友，並不是一件錯事。

我年輕時服役海軍，聽說抗日戰爭末期，海軍士兵遠涉重洋，赴美接收八艘兵艦。沿途停靠港區，士兵輪流站在梯口值更，為了排遣寂寞，兩名士兵常以賭博助興。凡官兵登艦，總得一腳先邁上甲板，或左腳也或是右腳。兩位值更的士兵便以左右押賭注，因此兩小時之間常有一兩百美元的輸贏。

王仁裕《開元天寶遺事．投錢賭寢》中記載：唐明皇尚未結識楊貴妃以前，每晚跟哪個妃子同寢，完全憑一時興致，任何宮女皆茫然不曉。因此每值華燈初上，眾宮女開始聚集下賭注，如同目前香港簽賭六合彩券一樣。每個夜晚，參與賭博的宮女都有「幾家歡樂幾家愁」的現象。唐明皇卻一直被蒙在鼓裡，妙哉。

清初申涵光《荊園小語》上說：

賭錢乃市井事，士大夫往往好之。至近日，南之馬吊，北之混江牌，窮日累夜，若癡若狂。

問之，皆曰「極有趣」。

馬吊牌又名馬腳，馬腳與麻雀發音相近，清朝時稱麻雀牌，直到現在香港還設立所謂麻雀館，走進去燈光輝煌，煙霧瀰漫，一片嘩拉拉搓牌聲。十多桌麻將夜以繼日，鏖戰不休。

賭錢確有樂趣，這是無可諱言的事實。清朝諸聯晦《明齋小識》上說，他曾碰到一位賭客，下注時常一擲百萬毫不在乎。此人從黃昏賭到天明，亦毫無倦容。旁人見他左手中指獨缺，像被刀切割的。問他為何少一指？他說：「這是過去我戒賭時剁掉的。」眾人鬨堂大笑。

發明麻將的人若活在今日，他應申請專利，獲取最高娛樂金像獎。此人是浙江寧波人陳政倫。他發明麻將牌時在清宣宗道光二十年，也即是公元一八四〇年。據民初雷晉《文苑滑稽談》記述：「英人謀占定海（舟山島）時，寧人陳政倫號魚門，辦理通團，因變馬弔之法為麻雀牌，欲使漁人樂此，不致有怠惰離散之意。」徐珂《清稗類鈔》也說麻將始於浙江寧波，「麻將亦葉子之一，以之為博，曰叉麻雀，凡一百三十六，曰筒、曰索、曰萬、曰東南西北、曰龍、鳳、白，亦作中、發、白，始於浙之寧波，其後不脛而走，遂遍南北。」

清朝韓子雲《海上苑列傳》小說第十三回，有這樣的描寫：

周少和連聲催飲，大家忙忙吃畢，揩把臉，仍往亭子間裡來，卻見靠窗那紅木方桌已移在中央，四枝羶燭點得雪亮，桌上一副烏木嵌牙麻雀牌和四份籌碼皆端正齊備，吳松橋請李鶴汀上場，同周少和、張小村拈鬮坐位，金姐把各人茶碗及糕點糖果放在左右茶几上……

這是一百多年前青年企業家打麻將的情景，他們打牌還有應召女郎陪侍，真是奢侈而荒唐，這種敗家子弟若不家敗人亡，還有啥天理可言？

打麻將可以表現出修養、丰采與性情，更能看出其人的學問。舊時代官僚士紳的姨太太，大多半會打麻將，而且藉牌局應酬交際，以幫助丈夫占缺升官。二十年代，吳家元小學沒畢業，卻因相貌出眾、身材魁偉，打得一手漂亮瀟灑的麻將，周旋於北洋軍閥之間，最後因善打「政治麻將」做上了山東省府業務總辦。每次張大帥打麻將，總有吳家元在座陪打，因而穩贏不輸。一日，吳家元臥病。張大帥三副條子落地，手上兩顆九條，一顆一條、一顆三條，獨聽二條。眼看這把牌即將結束，對家打出一顆二餅，張大帥把牌一推說：「和了！小雞（一條）吃燒餅！」不久，另一位將軍也要「小雞吃燒餅」，張大帥脹紅了臉罵起來：「×你娘，只一個小雞能吃幾個燒餅？貼錢……詐和……賠錢！」

年輕時，我在麻將桌上結識過地主老財、官僚政客、作家、藝術家、販夫走卒和地痞流氓，如今早已風流雲散，不知去向。總的來說，我從未交上一個真心朋友，怪哉。不過我卻依稀地背誦出一位山東同鄉寫的「麻將十二守則」，這是我從麻將桌上學來的。也算是唯一的收穫吧。

一、準時赴約，不得有讓人乾等之行爲。
二、圈數鐵定，不得有輸思再連之行爲。
三、砌牌迅速，不得有要死不活之行爲。
四、輕取輕放，不得有摔牌拍桌之行爲。
五、要吃就吃，不得有猶豫拖拉之行爲。
六、叫碰即碰，不得有故弄玄虛之行爲。
七、落地生根，不得有反覆無常之行爲。
八、敦重牌品，不得有亮牌誘騙之行爲。
九、保持風度，不得有怨天尤人之行爲。
十、心平氣和，不得有出言不遜之行爲。
十一、入廁應少，不得有藉便作法之行爲。
十二、局終結賬，不得有賴皮拖欠之行爲。

怕老婆

我國古代「怕老婆」的笑話很多，值得研究。在傳統的封建禮法與男尊女卑制度下，為何男人怕老婆，這是對封建夫權的一大挑戰，也具有諷刺的意味。明朝趙南星《笑贊》、馮夢龍《笑府》都有一個共同的笑話：

一人被妻打，無奈鑽在床下，妻呼曰：「快快出來！」答曰：「男子漢大丈夫，說不出來，定不出來！」

有一位仁兄去臺北衡陽路，看手相的對他說：「男人手如綿，身邊有閒錢；女人手如薑，財穀滿箱倉。」這人聽了大喜，說：「我太太手如薑，我一定要發財了。」看手相的問他：「你怎麼知道她手如薑呢？」這位仁兄說：「前天我被她打了一個耳光，到現在還辣辣的呢！」

有一則笑話題為《葡萄架倒》，妙極。

一位縣官怕老婆，被抓破了臉。翌晨見了太守，太守問他臉怎麼破了。他說：「晚上納涼，葡萄架倒下，把我臉皮刮破了。」太守不信，說：「這一定是你老婆抓破的，快派人把她抓來！」

沒想到太守夫人正在後面偷聽，聽見這話，大怒。衝出堂外，要找太守算賬。太守慌忙地對那縣官說：「你且暫退，我內衙葡萄架也要倒了！」

還有一則《正夫綱》，更令人拍案叫絕！

五個怕老婆的男人聚在一起，想共同商議不怕老婆的辦法，以「正夫綱」。正開會中，他們五人聽到不好消息，原來他們的老婆已互相約定，馬上打了過來！剎那間，這些人恨爹娘少生兩條腿，逃得無影無蹤。

五個老婆打過來時，只見現場只有一個男人坐著，她們以為他是唯一不怕老婆的人，仔細一看，這人已被嚇死了！

若是參加笑話比賽，《正夫綱》只能獲第二名，冠軍則是《婆像》。

有一老漢，受了老婆一輩子氣，不敢吭聲。老婆病逝，她的照片掛在棺材前面。老漢端望著照片，想起她生前的凶狠，就想伸拳打她。不料拳剛伸出，忽見風吹畫動，老漢以為老婆陰魂不散，嚇得渾身發抖，急忙跪下說：「我這是跟你開玩笑，不是打你！」

這些笑話，讓人消愁解悶，心情愉快，它是健康長壽秘方。

吃喜酒

在日常生活中，最苦惱的是喜帖應酬，它讓人敢怒而不敢言；有些寄喜帖的按照同學錄、同鄉會發放喜帖，收喜帖者有時思索半天，卻始終想不起對方何許人也。過去有人稱喜帖是「紅色炸彈」，確有道理。

「洞房花燭夜，金榜題名時」是人生最大樂事。把樂事告知至親好友，是理所當然的事。但若藉此宣揚家族興旺、財力雄厚；或是想趁機打秋風、撈一票，把同鄉同學同志一桿子打翻在地，搜括一番，卻是缺德帶冒煙兒的事。

結婚是樂事，但吃喜酒卻不是樂事。它不僅耗費精神、浪費時間，而且影響生活開支與營養均衡；特別是中老年人常吃喜酒，引起血壓上升、血糖升高、血管阻塞等症狀，不得不悉心留意；否則你臥病在床，新郎新娘絕不會抽出時間買一束鮮花來慰問你。

中國人是最聰明的民族，任何事都要精打細算。過去作小公務員，每逢月底發工資時，喜帖便雪片飛來。遇到歲暮年關季節，獎金多，喜帖更多，成正比例。有時晚間要吃三、四家喜酒，冒著陰冷的細雨，穿梭於車水馬龍你追我趕的街頭，搞得頭昏眼花，腦袋發脹，我的修養惡劣，有時忍不住嘴裡溜出一句「媽媽的！」

凡有炎黃子孫居住的地方，就有喜帖滿天飛的情景。我在菲律賓南方僑校服務時，三日一大宴，五日一小宴，吃的是白菜煮蝦仁，喝的是可口可樂，聽到的是一片歌頌詞句，看到的是身穿婚紗禮服的新娘跟新郎擁抱、親嘴。南洋華僑宴客名目繁多：結婚十週年、二十週年、三十週年宴客；嬰兒彌月、週歲、二歲、五歲，也要宴客；女孩十八歲（成人）、訂婚、結婚更要宴客。在歡宴親朋好友的場面，如有眾議員、參議員、政府官員在座，更使主人闔不攏嘴。可見炎黃子孫的「窮要面子活受罪」心理，大抵是從黃河發源地巴顏喀喇山麓淌流而來的。

半世紀前，中共展開游擊戰時期，生活資料匱乏。男女青年結婚，向有關機關登記，領取結婚證。結婚日，買一包糖果分散親友同志。新郎新娘立正，朝毛澤東或列寧像鞠三個躬，禮成。五〇年代進城，大陸也沿襲這種簡單儀式婚禮，這是眾所週知的事實。

結婚，是男女兩人的愛情結合的象徵。請一桌客跟請一百桌客，甚至開流水席都是一樣。如果兩人愛情不穩固，即使讓臺灣兩千一百萬同胞為你倆祝賀吃喜酒，也是竹籃打水——一場空。

閩南話稱呼妻子是「牽手」，真是貼切至極。它含有團結互助、白頭偕老之意。牽手是古代最重要的結婚儀式之一。印度人稱結婚為Panigrabana，即牽手。新郎在結婚時行牽手禮。如想生女兒則握新娘四指，想生男孩只握拇指，倘不想生兒育女則握新娘全部手指。後來，這種牽手儀式轉變為交換戒指了。

我參加了一千多場結婚典禮和宴會，看膩了那些官僚政客市儈嘴臉，地主老闆的啤酒肚皮，血壓忽升忽降，日久天長，則罹患了心律不整症。這些苦情，我怎能向新郎新娘申訴？——颳大風吃炒麵，張不開嘴呀！但我在一千多場婚宴中，也獲取不少娛樂的趣味。每次總有那些舅舅不疼、姥姥不愛，年屆九旬，身分證填的是八十一歲的退休官僚，操著濃重的方言，發表那讓人難懂的文白摻雜的祝福演說。

「新娘、新郎、證婚人、介紹人、主婚人，各位嘉賓請稍息。嗯，今天，這個是……吉日良辰。嗯，結婚的好日子。這個是，咱們來吃喜酒，很好。嗯，新郎新娘，郎才女貌，國之干城，風雨同舟，早生貴子。嗯，這個是……，明年的今天，咱們再來吃他們的喜酒……」

啊，我侵犯了侯寶林的相聲版權了。

談虎

辛亥革命以前，我國向以農曆春節的大年初一，作為元旦。早在《書・舜典》上已有記載：「月正元日，舜格於文祖。」東漢崔寔《四民月令》：「正月之朔，是為正日。躬率妻孥，潔祀祖禰。及祀日，進酒降神畢，乃家室尊卑，無大無小，以次列於先祖之前，子婦曾孫，各上椒酒於家長，稱觴舉壽，欣欣如也。」五千年來，我國人民向以農曆春節看作新年，即使辛亥革命成功，明令使用公曆，把正月初一改為春節，國人仍然在每年春節時期，放爆竹、賀年、喝春酒、吃年糕，舉辦舞龍獅文娛活動。

今年歲在午寅，我們應以歡欣鼓舞心情，迎接虎年，祝願虎年行大運！

虎是一種最勇猛的動物，頭大而圓，它的前額有似「王」字形的斑紋。能游泳，慣於夜間行走。《三國志・吳志・凌統傳》上記載：「二子烈、封，年各數歲，……賓客進見，呼示之曰：此吾虎子也。」可見虎子乃是勇敢健壯的男孩。過去北方農村男孩，每值春節，常穿老虎鞋、戴老虎帽，虎是勇敢的象徵。《後漢書・班超傳》：「不入虎穴，焉得虎子。」在我國古時，對於勇敢的戰士稱為「虎賁」，《

書・牧誓序》：「武王戎車三百輛，虎賁三百人。」孔穎達疏：「若虎之賁走逐獸，言其猛也。」古代稱謂勇將，即是虎將。《三國志・吳志・諸葛瑾傳》：「寧能御雄才虎將以制天下乎？」

作為軍人，和虎有密不可分的關係。軍人訓練的基本課目「立正」，首先應注意挺胸瞪眼。瞪眼，虎視也。如虎之視，將欲有所攫取。《易・頤》：「虎視眈眈，其欲逐逐。」潘勗《冊魏公九錫文》：「君龍驤虎視，旁眺八維。」可見如虎的雄視，才顯現出威武風貌。我們在戰鬥演習、軍隊校閱，如感受到「虎虎有生氣」。便是平時訓練有素，方稱得是革命的勁旅。

我國古代軍隊傳達命令或調兵遣將，為了保密起見，使用「虎符」。將「虎符」劈成兩半，有關雙方各執一半，使用時，兩半互相符合，表示命令驗證可信。因為上面刻有老虎形狀，故稱虎符。戰國時代起多使用。除銅製外，也用金、玉、竹、木製成。秦始皇發給陽陵守將的虎符，有銘文曰：「甲兵之符，右在皇帝，左在陽陵。」

老虎屬於哺乳綱，貓科。體長約二米，尾長一米許。體呈淡黃色或褐色。分布於印尼、印度、俄羅斯西伯利亞等地。我國有東北虎、體大、毛色較淡，產於長白山，小興安嶺等處。由於這種動物逐漸稀少，目前國際間已列為保護動物，不准隨意捕射，這是眾所週知的事。

施耐菴在《水滸傳》中寫了一段「武松打虎」的故事，非常精彩。三百年來，矇騙了千萬讀者，值得批判。

那一陣風過了，只聽得亂樹背後撲地一聲響，跳出一隻吊睛白額大蟲來。武松見了，叫聲「啊呀！」從青石上翻將下來，便拿那條哨棒在手裡，閃在青石邊。那大蟲又饑又渴，把兩隻爪在地下略按一按，和身望上一撲，從半空裡將下來。武松被那一驚，酒都做冷汗出了。說時遲，那時快，武松見大蟲撲來，只一閃，閃在大蟲背後。那大蟲背後看人最難，便把前爪搭在地下，把腰胯一掀，掀將起來。武松只一閃，閃在一邊。大蟲見掀他不著，吼一聲，卻似半天裡起霹靂，振得那山岡也動，把這鐵棒也似虎尾倒豎起來只一剪。武松卻又閃在一邊，原來那大蟲拿人只是一撲、一掀、一翦，三般提不著時，氣性先自沒了一半。那大蟲又翦不著，再吼了一聲，一兜兜將回來。武松見那大蟲復翻身回來，雙手輪起哨棒，儘平生氣力，只一棒，從半空劈將下來……打到五七十拳，那大蟲眼裡、口裡、鼻子裡、耳朵裡，都迸出鮮血來，更動彈不得，只剩口裡兀自氣喘……

武松打虎位於山東陽穀縣景陽岡。該縣東濱大運河，農產以小麥、大豆、穀子、高粱、玉米、棉花為主。我曾到過景陽岡，只是荒草湖坡丘陵地。陽穀自從盤古開天地，從未出現過老虎。施耐菴是山東人，斷定他也沒見過老虎。因為清朝時北方各城市尚未建動物園，他只是在圖畫中見過虎的形象而已。

施耐菴筆下老虎一撲、一掀、一翦，卻敵不過武松，這未免過分誇張了武松的脅力，何況武松上岡前還喝下十八碗白酒哩。若是武松活在今天，他膽敢在動物園打虎，我一定通告木柵派出所，把這一介武夫扭送農委會治罪！

談禁書

翻閱舊時代的文藝報刊，發現一些禁書的軼話，令我捧腹不已。二〇年代初，《光明》雜誌五期〈編輯餘談〉，有這麼一段文字：

> 不多幾年前，北京地方的當局爲維持風化，不大高興青年男女談什麼戀呀戀、愛呀愛。他們認定有些書籍是專在那裡教育青年們這樣做的，於是查禁言愛的書，《愛的成年》當然是罪在不赦了……

當時北洋政府警察廳所禁的書，《愛的成年》是英國作家加本得Edward Carpenter的作品，各國都有課本，到了北京列為禁書，真是滑天下之大稽。同時列為禁書的《自己的園地》，作者竟是五四新文學著名作家周作人，妙哉。這還不算奇妙，最奇妙的則是從一九二三年《努力》雜誌中透露：北洋政府「國務會議」中有「取締新思想」的議案。

從此可以看出：西方的新思想，民主、科學、戀愛及其他，在衛道者封建宮僚的花崗石腦袋裡，真是怕得要死、恨得要命啊！

一九二四年十二月二十日「晨報副刊」有一篇文章，摘錄於下：

昨天晚上，我和同學王君跑到青年會去，想看一看吳瑞燕女士主演的 Ibsen的《娜拉》。哪知到了那裡……適才間我到王君那裡去問他已否決定星期一再去看《娜拉》。

「看《娜拉》？」他這樣的問我。「昨天的，聽說才演一半，就被警察廳禁止了。」

《娜拉》是挪威劇作家易卜生的名著，他寫出婦女走出家庭為社會服務問題。他指出，婦女並非男人的玩偶，在男女平等原則下，婦女應該走出廚房、走出家庭，積極的參與建設工作。北洋政府禁止上演《娜拉》話劇，實在荒唐可笑。

政府播遷臺灣初期，凡是俄國文學作品，皆列為禁書。五〇年代初，有人提出建議，列寧革命以前的作家托爾斯泰、屠格涅甫、陀思妥也夫斯基、別林斯基等人作品，應解除開放，不久即批准。這是可喜的現象。因為俄國十九世紀四〇年代的文學，堪稱世界文學史上的瑰寶。

凡是主管文藝政策、文藝圖書發行者，應真正懂得文藝、了解文藝才行，否則便會鬧出笑話。六〇年代，我有一次參觀地方圖書館，館方把一堆優秀的文學著作，鎖在一個鐵櫃內，讓它永遠不見天日。我找出禁書目錄一瞧，不禁拊掌大笑。原來列管禁書作者卻是普希金、落華生、俞平伯、王統照、謝冰心、鄭振鐸、劉大杰、夏丏尊、豐子愷、郁達夫、老舍、巴金；最讓我驚訝的是，臺北早已翻印的羅曼・羅蘭《約翰，克利斯朵夫》也列為禁書，這件事讓我感慨萬千。因為大多數作家留在大陸，唯恐感染赤色理想，殊不知這些作者的政治理想，有些和我們志同道合呢。

那日，趁著意興正濃，情感豐沛，我拿起黑色簽字筆，在圖書館留言簿上寫下這樣的話：

建議將老舍等作家作品解禁，供民衆公開閱讀。不必緊張，他們的小說沒有馬列主義；落華生原名許地山，常唸阿彌陀佛，是咱臺灣臺南老鄉；至於普希金、郁達夫兩先生早已作了鬼魂，祝願他們安息。

談隱士

周作人說過：「中國的隱逸都是社會或政治的，他有一肚子理想，卻看得社會渾濁，無可實施，便只安份去做個農工，不再來多管。」

隱逸思想是中國官場文化之一，這種官場文化是糟粕，虛偽、自私、逃避現實、不負責任。歷代隱逸於名山的官僚政客，計有數百人之多。這些皆為知名人士。他們過著「登東皋而舒嘯，臨清溪而賦詩」的生活，但卻也和官場的舊同僚暗渡陳倉，窺伺政治氣候，等適當機會東山再起。這是眾所周知的官場現象。清末，袁世凱不滿朝廷待遇，帶了隨扈馬弁，返回故鄉河南項城作隱士。吟詩、下棋、釣魚，其實這是掩人耳目的行為，實際上他仍掌控著清軍的動態，朝廷的權力命脈。

政府播遷來臺，這種隱逸風氣也帶到海島。五〇年代初，吳國禎便移民美國作寓公。他擺脫了戰爭與政治的陰影，跑到新大陸過起「眼不見心不煩」的寧靜生活。國家事，管他娘，讓那些質樸善良任勞任怨的芸芸眾生，留在臺灣島上流血流汗打拚吧。

我去花蓮旅行，走過天祥，沿途怪石嶙峋，懸崖削壁，若是五百年前，臺灣尚是一塊未被帝國主義發現的處女地時，這兒豈不是最理想的隱逸藏身之地？陶淵明筆下的桃花源，怎有天祥至太魯閣一帶清幽秀麗，而且具有隱秘性？我繼而聯想起當年開拓橫貫公路的那十多萬榮民兄弟們，由於他們流血流汗，才給後代同胞留下了暢通的公路，以及如詩如畫如夢如幻的風景。

我們應該歌頌那些為後代造福的無名英雄，同時也要唾棄那些逃避現實的隱士、寓公。

北伐前，于右任寫過一首詩，是他讀史後的感言：

風虎雲龍亦偶然，
欺人青史話連篇。
中原代有英雄出，
各苦生民數十年。

于右任是革命家，目光如炬，他看出民國初年的北洋軍閥，多有草莽氣、血腥氣，並沒有把百姓視為衣食父母，所以才寫出反諷的詩句。最可惱的，這些長年割據一方、欺凌百姓的軍閥政客，下台以後，卻帶了妻妾兒女，住進都市的外國租界，避開外界對他的干擾。這些史實，恐怕年輕朋友有所不知吧。

陶淵明筆下的「桃花源」的子民，他們是為了逃避戰亂而來此，和隱逸之士截然不同。當那位迷路的漁民走進桃花源，村民「設酒殺雞作食」，熱烈歡迎那位來自家鄉的親人！他們不知外界政情的變化，「乃不知有漢，無論魏晉」。詩人陶淵明寫得真妙，他讓那位漁民走後，卻再也尋不著桃花源的入口處，讓桃花源的村民，永遠過著寧靜的田園生活。這是一篇最優秀的反戰思想的微型小說。讓那些製造戰爭的魔王希特勒、墨索里尼、土肥原戰慄吧！

我聯想起戰火紛飛的年代，著名作家郁達夫住在印尼棉蘭，他為了躲避日本特務的政治迫害，化名趙廉，和當地一個華裔女子成婚，以開酒廠維持生活。但當第二次大戰結束，郁達夫卻不幸慘死於日軍的魔掌。他的隱逸是偉大的行為，他的犧牲會永遠活在人們的心底。

每逢想起郁達夫，我總憶起俄國盲詩人愛羅先訶的詩稿：

是土撥鼠的命運？
當太陽照射在牠身上，
牠的眼睛便瞎了。
春天來臨時，
牠卻癱死在地上。

談自裁

從故鄉向東走出八十華里，則是「五嶽之長」泰山。泰山頂有一座捨身岩，舊時代常有些想不開的人，來此跳崖自殺。自殺原因甚多：失意、失業、經營生意挫敗，官場遭受排擠；還有些孝子孝女，焚香祈禱許願，若上蒼庇佑父母病勢轉危為安，寧願捨身跳崖而死，這是讓人既敬佩而又憐憫的愚蠢行為。

記得少年時登泰山，看見捨身岩旁豎立數座石碑，上刻「想一想」、「猛回頭」之類的警語。我想刻了這種警告性的碑文，恐怕也沒有什麼效果。若想遏止自殺行為，必須徹底解決社會問題才行。

抗戰勝利後第二年，內戰爆發，物價飛漲，各大城市罷工、罷市、罷課，搞得人心惶惶。民國三十五年八月十八日，《大公報》刊登一則新聞，令人拍案叫絕。

【本報訊】社會部通令嚴禁自殺，該部以邇來各地自殺案件，層出不窮。認為此種現象，係由於生活不安所致。近分令各省社會處設法防範，嚴予制止。

社會部下令「嚴禁自殺」，真是一派官僚作風。自殺，《漢書·賈誼傳》上說：「其有大罪者，聞命則北面再拜，跪而自裁。」所謂自裁，也就是自盡、自殺、即自己了斷自己的生命。平心而論，自殺是不容易的，若是有一線生路，任何人也不願走這一條路。社會部的馬褂兒下令禁止自殺，豈不是天大的笑話？

魯迅說：「自殺是需要勇氣的，不然你就去試試。」在史無前例的文化大革命時期，著名作家老舍、傅雷等人大抵就是響應魯迅的話，走上絕路。

近讀孫犁《芸齋夢餘》一書，才知道他在文革勞改時，藏鐮刀、積攢安眠藥片，甚至想跳樓，隨時準備自殺。「一天晚上，批鬥大會下來之後，我支開家人，就關燈躺下了。我睡的是一張鋼絲床，木架。床頭有一盞小檯燈。我躺下以後，心無二念，從容不迫地把燈泡擰下來，然後用手指去觸電，手臂一下子被打回來，竟沒有死。第二天早上，把燈泡上好，又按時去機關勞動，只是覺得頭有些痛。」

讀過作家孫犁這一段回憶文章，起初我嘿嘿直笑，最後卻忍不住眼淚奪眶而出了。

菜根香

聽說有一位高級官員，他不識菠菜、高麗菜，只一律稱作青菜。人云亦云，姑妄聽之。這位養尊處優的大人物，只懂治國安民，從不進菜市場，他不識青菜形狀，這也算不了什麼缺點。何況在工商業社會裡知識分子，接近農田莊稼機會極少，連我這個出身農家的子弟，而今也識不得許多蔬菜新品種。

曾國藩少年時期，每值暮色蒼茫時分，常見他祖父從菜田摘些新鮮蔬菜回家，洗滌後下鍋炒食。因此培養出他種植蔬菜的興趣。曾國藩在家書中說過：「鄉間早起之家，蔬菜茂盛之家，類多興旺；晏起無蔬之家，類多衰弱。」他在軍營也命戰士種菜，作為三餐食用。「每塊土約三丈長，五尺寬，窄者四尺餘寬，務使耘草及摘蔬之時，人足行兩邊溝內，不踐菜土之內。溝寬一尺六寸，足容便桶。大小橫直，有溝有澮，下雨則水有所歸，不使積潦傷菜。」曾國藩雖統帥湘軍南征北戰，仍不失農家子弟本色，值得後人學習榜樣。

曾國藩嗜食辣椒、瓜果、蔬菜。他在清同治五年寫家書，兩度提起時蔬的事：

> 早間食之鹽薑已完。近日設法寄至周家口。吾家婦女，須講究作小菜，如腐乳、醬油、醬

菜、好醋、倒筍之類。常常作些，寄與我吃。……若外間買者，則不寄可也。

臺灣所見的鹽薑，用醋浸醃裝入玻璃罐內，薑呈黃色。喝粥、吃飯，皆甚可口。若拌小黃瓜，灑點蒜片、醬油、麻油、紅辣椒絲，更是受人喜愛。醬蘿蔔、辣蘿蔔最能開胃。我在南部時，常吃岡山辣蘿蔔，百吃不厭。來臺北後，每次路過桃源街，叫一碗牛肉湯麵，其目的是品嘗四川泡菜，吃起來過癮至極。經過打聽，醃泡菜的不是四川人，臺北三峽人也。拊掌大笑。

走到任何城鎮，我總愛逛菜市場，看一看新鮮翠綠的蔬菜，即使吃不到嘴，眼睛也是享受。大小白菜、茄子、芹菜、芥菜、黃瓜、蘿蔔、甜碗豆、牛蒡、蒜苔、青刀豆、西紅柿、石花菜、空心菜、萵苣、大蒜、葱、豆角、芫荽、菠菜、莧菜、雪裡紅、苦瓜、韭菜、胡蘿蔔，以及大小各種顏色的辣椒。我曾發誓，今生今世雖嘗不盡各種水果，卻得嘗盡臺灣土地上種植成長的蔬菜。蔬菜滋養豐富，對於中老年人非常重要。不吃肉沒關係，若長期不吃蔬菜，便會生病，甚至面頰上也會冒出痘來。

五十年代初，國軍士兵課本有一課是「青菜豆腐最營養，多吃雞鴨魚肉壞肚腸。」那時軍隊推展克難運動，種植蔬菜，磨黃豆做豆腐，養雞鴨豬羊，一派興旺氣象。

後來，軍中流行吃「復興菜」，這種菜合乎營養要求，而且節約。官兵八人一桌，中間擺一盆熱騰騰的菜，內有大白菜、菠菜、葱白、粉絲、肉塊、魚丸和豆腐，旁有小盤炒紅辣椒。吃起來非常過癮。

近十年來，臺灣生產的大葱，跟山東大葱差不多。葱白肥大脆嫩，辣味淡，汁多味甜，葉色鮮綠。吃起來甘甜無絲，其為可口。下麵條，撒上一點葱花，格外好吃。大葱蘸甜麵醬就餅，道地北方飯食。

老舍對大葱讚掌不已。他在一篇散文中說：

> 不看花，不看葉，單看葱白，你便覺得葱的偉麗了。最美的是那個晶亮，含著水，細潤、純潔的白色。這個純潔的白色好像只有看見過古代希臘女神的乳房者，方能明白其中的奧妙。鮮白，帶有滋養生命的乳漿！這個白色叫你捨不得吃它，而拿在手中掂著，讚賞著，好像對於宇宙的偉大有所領悟。由不得把它一層層的剝開，一層層，上的長直紋身，一絲不亂的，比畫圖用的還白絹美麗。

葱、蒜、薑在蔬菜中占有重要的地位。李時珍《本草綱目》記載：葱白作湯治寒熱、中風、耳目浮腫；葱鬚療飽食、房勞、便血、腸痔；葱花治心脾痛。現代醫學家認為，葱能防止胃癌的擴散。至於蒜，對流行感冒、百日咳、鉤蟲、蟯蟲、高血壓有顯著的療效。至於吃薑則可以禦寒、驅熱、止嘔，並可解魚蟹之毒。相傳孔子在世，每日三餐都嚼一塊薑。臺灣臺東的薑最為著名，每次到東部旅行，我總帶回十幾斤薑，洗淨後切片，醃在玻璃罐內，一個人慢慢享受，其樂無窮。

過去我在菲國南島生活，每日兩餐，煎魚煮魚，嘴裡淡出鳥來。時常吃不著蔬菜。幸而水果多，否則我會缺維他命C而病死異鄉。那兒的葱像韭菜一樣細，吃起來如同吃草。蘿蔔小而細長，如公狗的雞巴，看起來噁心。一日，我因饞得要命，買回一袋蘿蔔，在自來水管下一沖，我就喀嗤喀嗤大嚼起來。女傭米妮咧開肥厚的嘴唇，瞪起兩隻清澄大眼，驚訝地問：「好吃麼？」我咽下蘿蔔回答：「太美妙了！你吃一個吧？」她的頭如同撥浪鼓：「惱，惱！」

老之將至

每逢在報刊讀到對年老自怨自艾、無病呻吟的文章，內心常起反感。作為一個知識分子，應該把生老病死看得瀟灑自然，因為老是人生必經的階段。兩千年前，孔子便是咱們學習的榜樣：他「發憤忘食，樂以忘憂，不知老之將至」。過去，我常見不少五十出頭的男人，留了鬍子，穿灰色棉夾克，嘴上叼著香菸，坐在麻將桌前消磨光陰。靠著退休金混吃悶睡等死。若是孔子地下有靈，看到這些後輩的墮落模樣，他老人家一定跺腳罵娘！

我們國家目前退休制度，頗不合理。五十出頭年紀，尚有旺盛的精力做事，卻叫他退休，這不是浪費人力的政策嗎？讓這些人悶在家裡喝酒、打麻將、發牢騷，未老先衰，成為「哀莫大於心死」的行屍走肉，這豈不是國家民族的最大損失？

相反的，有些位居高職占肥缺的老人，卻像京劇裡的廉頗、黃忠，人老不服老。他們原是民國十三年生，卻從箱底翻出學經歷證件，把年齡改為十九年生，以多幹幾年，多拿幾年薪水津貼和出國考察費。八年前立法院喊出「老賊」口號，我聽了非常討厭，它違反了我們傳統尊老敬賢的倫理，但確有少數老人過分自私，不知自愛自重。像滿清科舉時代，有些人戴著老花眼鏡，彎腰駝背，還紮著紅頭繩自稱「文童」，跟年輕小孩子爭長短，滑稽而又可憐！

竇鎮《師竹廬隨筆》有一首咏老將軍詩：「百戰歸來始息肩，湖山無恙伴餘年，劍唇已冷狼河血，盾鼻曾飛雁塞箋。萬里功名收絕域，幾人姓氏畫凌烟，酒闌猶作沙場夢，不許棲欄竟入邊。」這首詩應該讓退休將領多看幾遍，免得心裡鬱悶。所謂「老將出馬，一個當倆」，那是對老人經驗和資格的敬重，並不是真的；因為老將出馬，他腰痠背疼，兩眼昏花，不等掏出長矛，便被小伙子一槍撂倒於地，頓時一翻白眼朝陰曹地府閻王爺報到去也。

宋朝《湘山野錄》中有一首詩，妙極。「人生七十鬼為鄰，已覺風光屬別人，莫待朝廷差致仕，早謀泉石養閒身。」過去聽說「人生七十才開始」的話，我決不相信。任何事物的發展有它一定的規律，決不是以個人主觀意志轉移的。長江後浪一定推動前浪，而前浪也必須流入浩瀚無垠的大海。

老年人優點固多，但缺點也不少。最普遍的則是囉嗦，讓人討厭。做任何事情，總認為自己對，別人不對。最近我和一位鄉長談話，他已八十，他說美國總統是尼克森，我說尼克森早死了。他說：「你胡扯，尼克森去年還去北京跟江澤民談話。」抬了半天槓，我自認不常看報紙，犯了原則性的錯誤。老人家才破涕為笑。

明朝顧元慶《檐曝偶談》，記有郭功父的老人十拗詩：「不記近事，記遠事，不能近視能遠視，哭無淚笑有淚，夜不睡日裡睡，不肯坐只好行，不肯食軟要食硬，子不惜惜孫子，大事不問碎事絮，少飲酒多飲茶，暖不出寒即出。」看來六百年前中國老頭兒，跟現代的老頭兒半斤八兩，也差不多。

不過，老年人若思維清晰，不迂腐、不固執、不自卑、不驕傲，不倚老賣老，確是社會國家的精神財富。俄國作家高爾基到了老年，出版了長篇小說《阿爾達莫諾夫家的事業》，他寄給當時一名剛露頭的青年作家費定一本書，請他「指教」。費定看過回信說：「阿爾達莫諾夫家的發家經過，大約占了七年……僅僅描寫這一段就用了半本書的篇幅，另外半本書則容納了四十七年，而且這四十七年中寫的是題材中最重要的事件……我認為，結構上的這個缺點顯著地影響了結尾的效果：這部書的結尾部分是比較公式化和枯燥乏味的。」高爾基這部小說翻譯本我看過，這是高爾基按照費定意見修改後的版本翻譯過來的，試問當前臺灣的老作家們，有幾位具有高爾基這般虛懷若谷的風度？

贈書有感

相傳蒲松齡曾捧著自己的作品，無限憐惜地說：「我的兒子……我的氣血相凝，心肝所繫的兒子。」

如果作者把他的新著，贈送友人，卻受到對方漠視或冷笑時，他的感受一定非常痛楚。這正像一位婦女抱起自己的嬰兒，給親友觀賞時，驀然有人撇著嘴說：「喲，瞧你這孩子長得這麼醜呀！小眼、塌鼻子，腦袋跟猴子一樣，真噁心！」

我年輕時虛榮心重，每有文章在報章雜誌發表，或是有新書出版，總會送給親朋好友欣賞。後來，不少難以讓人接受的批評，竟然輾轉地傳播到我的耳膜內。

「他寫的什麼東西呀？風花雪月，無病呻吟；我絕不騙你，他寫的那本書，我只翻到第二頁就擱啦。」

「老張送我一本書，害得我打麻將老是輸；上禮拜我三圈沒開和，老是放炮！……媽的！」

不經一事，不長一智，從此我獲得一個教訓：贈送別人書籍，像寄給別人喜帖一樣，應該酌量和對方交情的深淺，決不能像散發傳單一樣，膨脹自己。

八年前，我在新店夜市場逛舊書攤，無意之間發現趙文藝一冊遊記，打開扉頁一瞧，上面「××委員惠正」，下為作者簽名。我以二十元把它買回家來閱讀。趙文藝是我的鄰居，也是我尊敬的資深作家，直到去年，我才把這件趣事告訴她，她聽了大笑。

有一年，那時我在某機關服務，我很健忘，也極幼稚，一時衝動，把新出版的《大陸作家評傳》，送給一個新官僚。他翻著書，嘴裡唸叨著：「巴金、茅盾、蕭軍……這些人，沒聽說過。我讀大學的時候，知道魯迅……」

我說：「魯迅在官場上跟你職位一樣，他做過教育部科長、簽事，簽事就是今天的參事。」

這位仁兄當時做參事，滿腹牢騷，聽了我的話，彷彿被馬蜂螫了一口。他把書擱在皮包中，不滿地說：「我拿到了博士學位，上個月通過了甲等特考及格證書，魯迅恐怕比不上我的學歷高吧？」

蒼天在上，這是二十世紀八十年代臺灣新官僚說的話，若是魯迅地下有知，他一定跺腳罵娘！

送文學作品給新官僚，就像把文學作品送給股票族、電腦族一樣；送給這類人文藝作品，就像「熱臉貼在涼屁股上」，自討無趣！老實說，這類人是不看文學作品的。

日前「中國文藝協會」舉辦詩人鍾雷先生追思會。會中，詩人陳見田先生贈我一冊雜誌，上面印有鍾雷的遺作。原詩抄錄於後。

承張放老棣先後贈新著六種

浮生隨筆過泉城，
常憶海兮往日情。
文學前途待探路，
與山有約拾荒行。

鍾雷生前待我甚厚，鼓勵亦多。雖相交三十載，但是直到去年在他再三催促下，我才懷著羞怯的心情，寄贈他幾本小冊子。我不是小氣，而是文字粗糙、內容空泛偏激，生怕他責罵於我。鍾雷先生走了，讀了他的這首詩稿，使我想起尼采的話：「許多人死得太遲了，有些人又死得太早了！這道理說來覺得很奇怪，在適當的時候死去！」我想，設若鍾雷再等我十年，等我寫出一冊比較紮實而感人的文學作品，那時他率領我一塊去陰曹地府，拜望屈原、杜甫、關漢卿、曹雪芹，讓我真正看到了偉大的詩人和作家，多好！

走筆至此，我已淚灑胸懷了。

待月西廂下

青年男女戀愛約會時常臉紅心跳，也是詩情畫意的事。王實甫《西廂記》中的崔鶯鶯和張生約會，是在月色皎潔的晚上：「待月西廂下，迎風户半開。月移花影動，疑是玉人來」。這種浪漫主義的情調，數百年來，不知風靡多少青年男女？

這是詩人王實甫藝術作品的成功。若從現實背景而言，張生和崔鶯鶯的戀愛，既不自由，也不光彩，它是在昏暗的封建制度下進行的。

遠在戰國時代，魯國有一位名叫尾生的男子，和情人約會，卻在橋底下。不料河水暴漲，情人卻不見蹤影；尾生抱著橋柱，堅持等候，最後終被河水溺斃。這件男女約會軼事，《莊子・盜跖》曾有記載：「尾生與女子期於梁下，女子不來，水至不去，抱梁柱而死」。

魯國，今山東省也。我是山東人，卻不因尾生守信引為無上光榮，卻覺得尾生既愚笨而頑固，河水暴漲前，就應該及時脱身才是。而且約會地點在橋墩下，也未免荒唐可笑。如果我是尾生的女友，我也不會赴約。不過尾生守信是值得歌頌的。《國策・燕策一》評述：「信如尾生，廉如伯夷，孝如曾參，三者天下之高行也」。

看過好萊塢黑白影片《魂斷藍橋》的朋友，都對那位英俊瀟洒的軍官，如女友從相識相愛到永別都在倫敦夜晚的藍橋上，感觸至深。在戰火紛飛內戰頻仍的中國，軍人和姑娘戀愛約會，大多半在農村麥稭垛旁、鄉野小廟、荒山野林，甚至亂葬崗等地。因為我國人比較含蓄保守，戀愛要在隱蔽地方約會，這讓西方人感到茫漠不解。即使有一流的電影導演，恐怕也難以拍攝出《魂斷藍橋》的。我真為中國舊時代軍人抱屈！

在萬古如長夜的封建時代，戀愛婚姻沒有自由，連民間神話也充滿悲情。南朝梁殷芸《小説》《月令廣義・七月令》引記述：「天河之東有織女，天帝之子也。年年機杼勞役，織成雲綿天衣，容貌不暇整。帝憐其獨處，許嫁河西牽牛郎，嫁後遂廢織紝。天帝怒，責令歸河東，但使一年一度相會。」這是牛郎織女神話的傳統故事。後來，民間神話卻豐富了浪漫主義色彩。織女原為天帝女兒，織紝之暇，常和眾仙女到塵間池塘沐浴。牛郎是貧苦孤兒，純潔無邪，因老牛囑他趁織女洗浴時偷走織女天衣，織女不得上天，即與牛郎配為夫妻。數年後，生兒女各一，男耕女織，生活幸福。不料天帝查明此事，大為震怒，遣天將將織女抓回天庭，牛郎和兒女只得仰天號哭。老牛將死，囑牛郎披上牛皮即可上天。牛郎攜兒帶女將要追上織女時，王母娘娘忽然拔下頭上金簪，憑空一划，頓時形成一條波濤洶湧的天河。牛郎織女只得隔河相望，不能相會。終日流淚哭泣。天帝受了感動，准他們年一度於七月七日鵲橋相會。

童年時，每值月色皎潔的晚上，母親常指著天河兩岸的幾顆閃爍的星，向我講述牛郎織女的神話。老實說，我同情這一對生離死別的情侶，也痛恨那位殘酷無情的王母娘娘，她不應該用髮間的金簪，製造了一條白浪滔滔的天河，折散了牛郎一家四口和氣融融的家庭。

天上的牛郎織女一年相會一次，但隔阻於臺灣海峽兩岸的牛郎織女，卻長達四十年之久。少年夫妻相別，待重逢時已是白髮蒼蒼的老人了。它是古今中外史無前例的人間悲劇。

那年農曆七月七日改為情人節，在一場晚會上，一群文藝朋友點名拖我上台，表演節目。我觸景生情，想起一首牛郎織女相逢的流行歌曲，紅著臉，引吭高歌：

……你別來無恙，
依舊意氣如虹。
犂田辛苦，
雨雨風風，
恨盈盈一水，
如隔關山重重……

麥克風發出吱拉拉的刺耳聲，掩蓋了我的哽咽與啜泣，我實在難以唱下去了。

抬頭看蔚藍色的夜空，繁星點點，在乳白色天河兩岸，牛郎星、織女星正幽秘地朝我眨眼、竊笑。彷彿詛咒我說：「你們既會編寫神話，也會製造戰爭，你們聰明過頭了！活該！」

有道難行不如醉

去年歲末在《聯合報》副刊讀了北京作家從維熙的〈痴人說夢〉，頗有感慨。他在文章中說：郭沫若、茅盾、田漢、夏衍等人，他們的文學的輝煌成就，皆在「建國」之前。他接著說：「但使人費解的是，那些並非仕途上的行者如冰心、巴金、沈從文、老舍，他們的文學高峰期，也留在了過去。」

為什麼這些五四時代成名的作家，到了中共建國時期江郎才盡、日薄西山呢？從維熙指出，一是他們做了官，忙於業務，影響了文學創作；二則政治運動如同波浪，一波過去，又是一波，最後文革時期呈現萬馬齊瘖的現象。作者引述了已故中共中央總書記胡耀邦的話，作了有力的詮釋。他說：「始自五七年，一個接一個的莫名其妙的政治運動，坑害了一批又一批人才，沒有被坑害的只能裝『啞巴』，當『白痴』。正如有人常說的：『有道難行不如醉，有口難張不如睡』。」胡耀邦這番話，具體地說明了中共政治干預文藝的事實。

把著名作家安排在領導崗位上，原是無可厚非的事。一九四九年冬，毛澤東召見文學評論家鄭振鐸，推薦他擔任政務院文物局局長。鄭振鐸暗自吃驚，急忙向毛解釋，他過去一直從事文學編輯工作，研究過明清文學，從未做過行政領導，如今讓他做官，豈不是趕鴨子上架？毛澤東吸了兩口菸，笑道：「你是文學評論家，當文物局長沒有錯。我們共產黨的任務就是把人才用在適當的崗位上。」這是鄭振鐸親自告訴范長江的；後來，范長江告訴了知友何雨文，何雨文又講述給我聽。從此可以看出，毛澤東當年確有宋江的雄偉氣魄與胸懷，網羅了五湖四海的英豪，齊聚梁山水泊。

作家做了官，影響創作至鉅。鄭振鐸當了文物局長，直到出國飛機墜燬喪生，十年之間幾乎沒有發表文學作品。茅盾在中共建國前，寫出享譽文壇的長篇小說《子夜》、《霜葉紅於二月花》、《腐蝕》，但是從一九四九年作了政務院（國務院前身）文化部長，三十多年只寫了些應酬文章，根本沒寫過一篇小說。這是魚與熊掌不可兼得的事。

作家從政，有些是主動的，有些是被動的。客觀而論，這也算不了什麼錯位。如果作家做了官，對社會國家作出卓越的貢獻，更會受到群眾的尊重與膜拜。

不過，如果政治過份干擾文藝，甚至對作家進行政治迫害，卻是不可饒恕的罪過。近讀陳白塵《牛棚日記》，不少著名作家遭受迫害，令人毛骨悚然。我隨便摘錄幾則如後：

群衆喝令全體黑幫登台「示衆」，於是二十餘人魚貫而上，自報家門。劉白羽自稱「黑幫大將」，於是嚴文井等都是「幹將」之流了，我自然也未能免俗。但張僖遲疑之後，卻自稱「黑幫爪牙」；陳翔鶴川味十足，抑揚頓挫，令人忍俊不禁；白薇老太太身軀臃腫，滿台亂竄；臧克家衣衫瘦小，聳肩駝背，都可笑而復可憐。

（一九六六年九月十五日星期四）

晚回宿舍，爲冰心換煤爐升火，成功。她年近七旬，離家獨居於此，頗狼狽。其夫吳文藻當年在日本秘密起義，她成爲團結對象。歸國後寫了不少散文，出國多次也做了不少工作，不無微功吧。但她在民族學院（吳在該院任教授）被鬥甚慘，衣服都被沒收，手表等貴重物品更不用說，而且公開展覽，標其出國皮大衣爲六千元云。如今她到作協後已很滿意了，不再每天揪鬥也。

（一九六六年十一月二十五日星期五）

當人們把我當作「劉少奇的走狗、爪牙」等，來口誅筆伐時，我是不能不反感的。解放以前，在國統區連劉的名字都不知道；解放後更無接觸，何至竟成「走狗」？

（一九六七年四月四日星期二）

下午進大樓時，抬頭猛見周揚站在樓梯旁等待入批鬥會會場。衣衫甚整潔，著的確涼短袖衫，風度如故，但面色蒼白可怖。他已被連鬥兩天了。

（一九六七年七月二十二日星期六）

上午仍然撈秧。

下午文聯各協會與生產隊聯合舉行鬥爭大會，第一次被施以「噴氣式」且挨敲打。每人都汗流如雨，滴水成汪。冰心年近七十，亦不免。文井撐持不住，要求跪下，以代「噴氣式」，雖被允，又拳足交加。但令人難忍者，是與生產隊中四類分子同被鬥，其中且有扒灰公公，頗感侮辱。……會上有說我等是「沒有土地的地主、沒有資本的資本家」，頗妙。

（一九六八年六月二十三日星期日）

政治干預文藝，造成了史無前例的文人悲劇，這是讓海峽兩岸文藝界朋友難以忘記的。一九九六年，著名作家巴金曾倡議建立「文革博物館」，但卻得不到頂峰的批准。我曾設想，若是胡耀邦在位的話，也許他會批准這個倡議，讓以後的政治領導人，不再干預文藝，千秋萬世，文藝永遠呈現萬紫千紅的景象。

文人相輕

曹丕說：「文人相輕，自古而然。」曹丕是皇帝、詩人，文學評論家，也是建安時代文藝團體領導人，他的話也許是一言九鼎，具有一定的影響。

其實不然，文人相輕，商人、武人，甚至運動員也有彼此輕蔑現象。俗話說得好，同行是冤家。因為你寫詩我也寫詩，你懂得的那一套，我也懂，只是深度不同而已。因為心中產生妒忌、不服氣，所以才蔚成文人相輕風氣。

妒忌，並不是惡德，它是人們的心理現象。俄國作家列夫・托爾斯泰在作品中談起青年作家妒忌心理，常用趣味或軼事來記錄，從不把妒忌視作壞事。這是眾所周知的事實。

我讀高中時，曾在壁報發表反賭博雜文，受到暴風雨般的攻擊。有人罵我是「偽君子」，有人罵我是「假道學」，還有人攻擊我是「左傾分子」，恨不得置我於死地，方才解恨消氣。後來經過查證，批我者皆為同校比我優秀的文藝小青年，而非嗜賭的同學，妙哉！

蒲松齡是偉大的小說家，他在一篇小說中，借一個妙齡少女之口，說出他的觀點：「幸災樂禍，人之常情，可以原諒。」幸災樂禍，就是妒忌心理。

我讀《水滸傳》，最服膺佩服的是呼保義宋江，沒有他的寬闊恢宏的胸襟、真摰實在的感情，難以把五湖四海的英雄志士，招攬到梁山水泊。相反地，我最看不起「白衣秀士」王倫，這個小知識分子度量小，心胸如雛雞，容不下有才幹的人。當初八十萬禁軍教頭、「豹子頭」林沖投奔於他，他的本領比不上林沖，怕有一天林沖奪去他的領導權，用一切手段趕林沖下山。王倫的妒忌心理，實在令人不齒。後來，林沖手刃了王倫，人心大快，從此梁山水泊才豎起了「替天行道」的大旗。

王倫是文人，宋江也是文人，為什麼宋江能夠把梁山水泊建立成北宋義民根據地呢？我想，這大抵由於宋江讀書多、見識廣，才會胸襟開闊吧。所謂泰山不讓土壤，故能成其大；河川不擇細流，故能就其深，大抵就是這個道理。

教我如何不想她

多少年來，每當聽見〈教我如何不想她〉這首藝術歌曲，內心激盪不已。

這首由劉半農作詩、趙元任譜曲的歌真是太令人沉醉了！

月光戀愛著海洋，
海洋戀愛著月光。
啊！
這般蜜也似的銀夜，
教我如何不想她？（第二節）

劉半農是我國五四時代的詩人。這首詩作於民國九年九月四日，當時他靠公費留學英國，住在倫敦。當時他的雙胞胎次子、三女出世不久，全家五口生活困難，所以更激起劉半農思念故國的感情。〈教我如何不想她〉的「她」，不是女孩或女友，而是祖國。

枯樹在冷風裡搖，
野火在暮色中燒。

啊！
西天還有些兒殘霞，
教我如何不想她？（第四節）

那時，趙元任正在巴黎，他以同樣的浪跡天涯、懷念故國的感情，把這首詩譜成歌曲，詞誠曲真，珠聯璧合，它很快地便在海外流傳開來。甚至到了七十年後的今天，這首歌依然令人沉醉！

詩人劉半農的詩，有音樂性。〈教我如何不想她〉，可說是神來之筆。

水面落花慢慢流，
水底魚兒慢慢游。
啊！
燕子你說些什麼話？
教我如何不想她？（第三節）

趙元任說過：「半農的詩調往往好像已經帶了音樂的swing在裡頭，這些年來跟他編曲和討論樂律問題也都像成了一種習慣似的。」兩人默契很好，所以才創作出偉大的藝術歌曲。

劉半農於民國二十三年七月十四日病逝北京。趙元任聞訊，在悲痛中寫了一副輓聯：「十載湊雙簧，無調今後難成曲；數人弱一點，教我如何不想她。」

歷史的誤會

民國以來，凡海外歸國學人，皆被政府領袖視為治國人才，爭相延攬任用。名女人陸小曼前夫王賡，剛從美國西點軍校畢業回國，便被軍閥孫傳芳聘為參謀長。這種寵愛歐美留學生的現象，連英國哲學家羅素也不為不滿。他在民國十年來北平講學時說：「政治和教育兩門的領導，不可讓海外留學回來的人擔任。」

去年在文協舉辦的「張道藩百年誕辰紀念研討會」上，看了不少張氏生前史料，才知他從法國學成回國，年僅三十便做了常務次長。他愛文藝，尤喜繪畫，但卻一年到頭在公文堆、會議廳和官場上忙碌。他晚年在立法院累得頭昏眼花，精神幾至崩潰邊緣。我想，若他專心從事藝術創作，他一定在文藝上留下豐碩的成果。他在彌留前夕，抓著他的好友、文學評論家趙友培的手說：「我不是……作家，也不是藝術家……你們在我墓碑上寫……文藝鬥士張道藩……我心滿……意足……」

人之將死，才道出心底的真正願望。原來他奮鬥一生，並不稀罕什麼部長或院長，卻追求著文藝的路；可惜他卻落了個「竹籃打水」——一場空！思想起來，令人感慨萬端。

瞿秋白，江蘇常州人，原以記者身分訪問蘇聯。他寫的《餓鄉紀程》、《赤都心史》，對青年影響至鉅。他參加中共後，受到重視。因緣附會，他的政治地位攀升。瞿秋白在上海時，曾以「犬耕」作筆名寫過雜文。有一天，魯迅問他：這個筆名有什麼意義呢？他說，他是個馬克思主義者，也是文藝工作者，但是共產黨讓他擔任政治領導工作，這好比「使犬耕田，力不勝任」，換言之，他認為做官並不是快樂的事。後來，到了一九三四年秋，中共紅軍主力西進，瞿秋白從江西蘇區向福建突圍，被國軍拘捕於長汀。瞿秋白臨死前寫的〈多餘的話〉，有一句傳誦一時的詞句，那就是他參加中共作為領導人之一，是「歷史的誤會」。

最近每天晚餐過後，看電視連續劇《水滸傳》。魯智深原是一名地方官吏，因看不慣鄭屠欺壓善良凌辱婦女，將這名惡霸打死，只得上五台山削髮為僧，以躲避官府追捕入獄。魯智深這位慣於耍刀弄棒的武夫，在眾小和尚眼裡，真是「形容醜惡，相貌凶頑」。別人打坐，他卻打鼾。小和尚向文殊院住持智真長老訴怨：「本寺哪容得這個野貓呀！」

智真長老是位高僧，他的心胸寬廣，目光如炬。他當然瞭解魯智深性情莽撞，熱情如火，路見不平拔刀相助，他和那些專會坐禪、念咒，當一天和尚撞一天鐘的格格不入。智真長老容忍魯智深，認定他「上應天星，心地剛直；雖然時下凶頑，命中駁雜，久後卻得清淨，正果非凡，我與汝等皆不及他。」聽，這種知人善用、慧眼識英雄的話，卻是咱們的政黨領袖、地方首長學習的榜樣啊！

魯智深大鬧五台山的一場戲，值得喝采！我敢斷言：臺灣影視圈的編導是搞不出來的。魯智深破了酒戒，揣著狗肉，狼狽上山，醉打山門。魯智深果如智真長老所料，離開五台山，他大鬧桃花村、火燒瓦罐寺、倒拔垂楊柳、威鎮野豬林，在北宋時代為痛打貪汙官吏豪門惡霸作出了貢獻。

智真長老若非小說人物，我會剃度出家，投奔於他！

作家地位浮沉

中共建國前後，對於文藝的社會功能估價過高，對於作家藝術家視為瑰寶，這是眾所周知的事實。近讀阿英〈阿英文集・第一次文代會日記〉，在「七月六日」日記，有這樣的記載：

今日我主席。

二時，周副主席來，開始報告。中間休息兩次，至八時許完，凡六小時。

七時許，毛主席來——先有一電話，謂昨夜未睡，不來——全場歡動。前後掌聲，達半小時之久。

阿英是著名文學評論家、戲劇家、隨筆作家。他說的「第一次文代會」，係於一九四九年七月在北平召開的「中華全國文學藝術工作者代表大會」。周恩來在會中作了六小時報告。報告內容判係內戰情勢、黨的建設，文藝作家對工農兵應作的貢獻等。這件事讓我感慨系之的則是報告長達六小時，這說明了中共尊重作家藝術家：絕不像咱們，政府首長蒞臨文藝大會致詞，只不過十分鐘，邀請傳播媒體拍照登報、拍紀錄影片上電視新聞節目而已。

正因為中共重視文學、尊重作家藝術家，他們才士氣如虹，當毛澤東進場亮相以後，「前後掌聲達半小時之久」。客觀地說，這是中國五千年來空前的紀錄。帝王領導人受到文化人的擁護，不管他們是否真心誠意，但在形式上是歷史上空前的紀錄。

阿英在一篇題為〈陳毅同志與蘇北的文化工作〉文章中，曾記述抗戰末期中共在蘇北對文化人士的尊重情況：

我到軍部初會陳毅同志當天，他就問起沫若、茅盾等同志的近況，問起上海文化戰線上一些同志的情況。只過了三天，他就告訴我，將有一批文化人陸續要來，這裡已匯去旅費。正是在陳毅同志的親切關懷和具體安排下，乃有鄒韜奮、范長江、賀綠汀等同志先後來到蘇北。陳毅同志提出，應該把到蘇北來的文化人集中起來，安置在根據地內最安全的地方，可以將洪澤湖作爲文化人集中的地方。

前面所提的三位著名文化人，鄒韜奮病逝抗戰末期，范長江、賀綠汀皆於「文革」時被政治迫害而死，這是絕大的諷刺。

在史無前例的文化大革命期間，成千上萬的文學家、藝術家被迫致死，受到屈辱，被批為「臭老九」。著名作家巴金曾倡議建立文革博物館，讓後代的人們觸目驚心，以此為戒。不過，巴金的倡議並未實現，而且也永遠不能實現，否則中共是要推翻過去的歷史。

記得八十年代初，周揚曾在一次文藝座談會上，談到文藝的社會功能問題。他說過去估價過高，應當予以檢討。換言之，中共對作家藝術家原先視為「人類靈魂工程師」，後來批成「牛鬼蛇神」與「臭老九」，這種兩極化的評價是難以向文藝工作者解說清楚的。

手推車之歌

過去北方原野上，常見農民推著一種用硬木製作的獨輪小車，在狹窄的田埂小道前進。車架安設於獨輪兩側，供人乘坐或載貨，載重量約二百至三百公斤。農閒或逢年過節，年輕漢子推著小車，左邊坐的老婆、孩子，右邊捆著行李禮物或農產品。手推車的獨輪碾過乾涸的河床，雜草叢生的羊腸小徑，發出吱吱地刺耳的聲響。這幅農村山野圖景使我聯想起詩人艾青的〈手推車〉：

在黃河流過的地域
在無數的枯乾了的河底
手推車
以唯一的輪子
發生使陰暗的天穹痙攣的尖音
穿過寒冷與靜寂
從這一個山腳
到那一個山腳

徹響著

北國人民的悲哀

早在兩千年前西漢末年，在荒涼的北方農村便出現了這種獨輪手推車。四川稱作「雞公車」，江南稱為「羊角車」。戰火紛飛年代，我在皖北臨泉山東臨時中學唸書，身患嚴重疥瘡，不能行動，而且有週期性瘧疾病。我就是坐著這種手推車走過二百多里村野小道，曉行夜宿，最後到了豫南光山一個農莊。我母親見我從棉被中鑽出來，忍不住啜泣起來！

兒呀，你怎變成了這個樣子？媽昨天晚上做了一個夢……夢見你……死……了……

媽，等我病好了，去考軍校，抗日……我喘著氣，讓兩個兄弟攙扶著，走進茅屋。

甭抗啦。抗日讓別人去抗吧！你爸上前線半年多沒寫封信來……也沒消息……媽的肩膀聳動不止，她用衣角拭淚。我不同情她。她說「讓別人去抗日」，這種話若是被人家聽見，我的臉往哪兒擱？

媽在病中帶著三個不懂事的男孩子，隨著軍眷辦事處遷移，潢川、固始、羅山，最後遷居於商城西郊的後程灣村。在崎嶇而泥濘的豫東南荒野上，我坐膩了這種吱嘎嘎作響的手推車了。母親彌留前，朦朧中說：我可不坐手推車了……

詩人艾青的〈手推車〉，確實作到「情與景會，意與像通」。也許我對這種小車熟悉的緣故，才更體會到詩的寫實意境：

在冰雪凝凍的日子
在貧窮的小村與小村之間
手推車
以單獨的輪
刻畫在灰黃土層上的深深的轍跡
穿過廣闊與荒漠
從這一條路
到那一條路
交織著
北國人民的悲哀

你別輕視這種輕便簡陋的農民手推車，它在內戰中為中共立下汗馬功勛。著名的徐蚌會戰，他們動員了數百萬輛手推車，載運了糧食和軍用物資，從貧困荒僻的沂蒙山區，沿著崎嶇小路，吱吱嘎嘎地穿過千山萬嶺，冒著炮火的危險支援作戰。他們承認：若是沒有山東老鄉數百萬小車輸送糧食到前線，只靠小米加步槍，他們是打不垮國軍部隊的。

八十年代初，我因事赴香港，看到〈人民日報〉發表一則新聞：中共總書記胡耀邦視察沂蒙山區，在一家當年推小車送糧食支援內戰的老貧農家，見農民衣衫襤褸，縮著脖子啜著帶有糠的粥。胡耀邦見狀百感交集，向隨行山東幹部說：想不到四十年後，沂蒙山區人民還過這種苦日子！

那夜，我投宿於香港旺角一家小旅館，做夢，夢見坐手推車不幸墜落深澗，嚇醒了。我流淚直到天明……

武松打虎質疑

武松是《水滸傳》重要的人物。近在報端看到有人提及「山東武松」，感到存疑。經過初步探索，寫出一點意見。

北宋時代，大抵並無武松其人，他是羅貫中、施耐菴創作的話本小說人物，《水滸傳》的梁山水泊英雄，大概只有宋江少數人而已。《宋史・徽宗本紀》記載：「淮南盜宋江等犯淮陽軍，遣將討捕，又犯東京、河北、入楚、海州界，命知州張叔夜招降之。」《宋史・張叔夜傳》也記述：「宋江起河朔，轉略十郡，官軍莫敢嬰其鋒，聲言將至，叔夜使間者覘所向，賊徑趨海瀕，劫鉅舟十餘，載擄獲。於是募死士千人，設伏近城，而出輕兵距海誘之戰，先匿壯卒海旁，伺兵合，舉火焚其舟，賊聞之皆無鬥志，伏兵乘之，擒其副賊，江乃降。」宋朝民間說書伎藝興盛，宋江等人的故事迅速成為說書人作為「話本」的素材，從此轉為元雜劇的素材，最後《水滸傳》豐富了宋江等「話本」人物的形象，活躍於廣大群眾的心中，武松，便是從「話本」流傳下來的「人物」之一。

武松在《水滸傳》中，作者介紹他的籍貫也非山東人，而是清河縣，屬河北省。

《水滸傳》第二十四回，有這樣的描寫：

> 原來武大與武松，是一母所生兩個。武松身長八尺，一貌堂堂，渾身上下，有千百斤氣力，不恁地，如何打得那個猛虎？這武大郎，身不滿五尺，面目醜陋，頭腦可笑。清河縣人見他生得短矮，起他一個諢名，叫做三寸丁穀樹皮。……武大在清河縣住不牢，搬來這陽穀縣紫石街賃房居住，每日仍舊挑賣炊餅。

必須指出：武松的籍貫河北清河縣，是小說家羅貫中和施耐菴為他安排的。作者在小說中還安排王倫是山東沂水人；江蘇七人，包括「白面郎君」鄭天壽；山西八人，江西九人，河南十六人，河北十人，河北人除了武松以外，還包括「玉麒麟」盧俊義。《水滸傳》說宋江等人聚集梁山水泊，是根據《宣和遺事》而定。這也是茫漠問題。近來有大陸學者研究宋江聚集太行山，位於山西省境。我有些懷疑，宋江是魯西南鄆城人，他做過鄆城縣押司，後來因涉梁山水泊案刺配江州，最後被逼上梁山，這條路線是難以奔向迢遙的太行山區的。

武松打虎，小說描寫非常細緻精彩，值得喝采：

> 武松見大蟲撲來，只一閃，閃在大蟲背後，那大蟲背後看人最難，便把前爪搭在地下，把腰胯一掀，掀將起來。武松只一閃，閃在一邊，大蟲見掀他不著，吼一聲，卻似半天裡起霹靂，振得那山岡也動，把這鐵棒也似虎尾倒豎起來只一翦。武松卻又閃在一邊。原來那大蟲拿人只是一撲、一掀、一翦，三般提不著時，氣性先自沒了一半。……武松輪起哨棒，儘平生氣力，

只一棒，從半空劈將下來……打到五七十拳，那大蟲眼裡、口裡、鼻子裡、耳朵裡，都迸出鮮血來，更動彈不得，只剩口裡兀自氣喘……

小說寫武松上岡前喝了十八碗白酒。店家規定「三碗不過岡」，武松卻喝下十八碗酒，他的血醣下降，呈倦怠狀，走路、思維已力不從心，如何經得起猛虎的一撲、一掀、一翦？武松打死老虎，真是騙人的鬼話！我倒懷疑他打死的是一隻老鼠。

陽穀縣位於山東西北方，東濱大運河，農產以大豆、小麥、高粱、玉米、棉花為主。我曾到過那裡。所謂景陽岡，只是一片荒草丘陵而已。陽穀縣自從盤古開天地，從未出現過老虎。我真納悶：作者既未見過虎，明清時代也未建動物園，同時攝影也不發達，他如何寫出這麼精彩動人的打虎場景？妙哉。

鄧麗君的啓示

最近中國文聯訪問團來臺灣，他們在短暫的訪問行程中，特別帶了鮮花，冒著傾盆大雨前往淡水瞻仰了歌星鄧麗君的墓園。訪問團團員朱汾告訴我，他最喜歡聽鄧麗君的歌曲，有關她生前灌製的唱片、錄音帶和磁片，朱汾都珍藏在家中。我聽了這番話深為感動。這次隨團來的有著名的歌唱藝術家、作家、京劇和越劇演員、魔術演員。設使鄧麗君地下有知，她一定拊掌大笑。

唱歌的、耍魔術的、寫小說的、演戲的，在傳統的我國社會上是被漠視的一群。

三十年前，電影演員上官亮一時糊塗，竟然掏出辛苦賺來的血汗錢，用來參加競選臺北市議員。他邀我作幕後文宣工作。我曾誠懇的向他剖析：「好萊塢演員到越南前線勞軍，被視為偶像和英雄；但是你在金馬前哨化裝成耶誕老人亮相，逗得阿兵哥前仰後合，人倒馬翻，同胞們卻說你要活寶，他們心靈深處是瞧不起咱們的。」

那時，上官亮已把全副精力投注於選舉中。箭在弦上，不得不發。他披著一件灰色破夾克，站在一輛小貨車上，兩旁掛著他的光頭畫像。車上五、六人敲鼓打鑼，播放〈中國一定強〉。上官亮雙手合十，拜託不止。我站在街頭，聽兩旁小孩子指手劃腳吼叫：「上官亮，統統有獎！」我噙著眼淚直笑，暗想：這些毛孩子擁護你，有啥用？他們沒有投票權啊！

果然，那次參選市議員，上官亮鎩羽而歸。見了我，氣吁吁的說：「哼！這些有眼無珠的選民瞧不起我；咱們騎驢看唱本——走著瞧吧！」

三十年過去，彈指一揮間。臺北市選民依然在健康中生長，忙碌中享樂；那位被選民漠視的上官亮，這些年來在美國舊金山領導「中華劇藝社」，演出了《龍鳳緣》、《新西廂記》等劇目。最近他導演的古裝歌舞劇《徐九經升官記》，轟動美國中西部城市。演員都是從臺灣移民的，如李德龍、李德生、謝明達、王建茹、張書花、談雲燕、陳宗正、馬世珍、胡雪海、上官明珠、何祚京、陳滿、謝明鈞等人，這次扮演徐九經的男主角上官彈珠，就是上官亮的公子，看起來上官亮後繼有人了。

平心而論，上官亮是一個天才演員。他的腦袋特圓，禿頂，是個矮矬胖子，最理想的喜劇演員典型。他跟菲律賓的喜劇演員艾斯特瑞達相似，一舉手、一投足，皆博觀眾發笑。我旅菲期間，看過不少艾斯特瑞達的影片。他飾演糊塗警察跟匪徒鬥爭，笑破人的肚皮。此人身材魁偉，體胖，留鬍，眼睛特大。他作了多年副總統。這次他競選菲律賓總統，得票遙遙領先，除非菲律賓發生地撼山搖的暴亂，否則這個電影演員一定勝利當選總統。看起來，「臺灣錢，淹腳目」不一定引為光榮，咱們同胞的意識型態距離文化大國目標，還有七萬多公里呢！

十月・文藝

一

每年十月，各種文學獎先後揭曉，猶似雨後春筍，一派繁榮氣象。文藝設獎，不僅提高文學藝術工作者的聲望和地位，而且也促進文藝的普及與提高。五十年代初，大陸文學作品丁玲的〈太陽照在桑乾河上〉、周立波的〈暴風驟雨〉獲得史達林文學獎金；臺灣潘人木的〈蓮漪表妹〉、水束文的〈紫色的愛〉獲取張道藩領導下的中華文藝獎金委員會的文藝獎金。看起來，臺灣的民族主義色彩畢竟比大陸濃重些。

六十年代初，軍中籌設新文藝推行委員會。據說當初設置文藝獎頒發案，曾受到批評與反對。一位戰功顯赫的將軍曾說：「一首新詩就給三萬塊獎金，這麼多呀！那李白、杜甫的詩要值多少錢？」這是當年千真萬確的軼事。三十四年過去，彈指一揮間，實踐可以作證，軍中文藝獎的設置，不知培植、鼓舞了多少音樂家、畫家、詩人、劇作家、散文家和小說家。

去年，幾個從北京來臺北參加文學研討會的作家，曾懇切地對我說：「我們軍人比你們多十倍，但是軍中作家從質與量而言，卻差不多。佩服、佩服！」

客人的話，固然有些溢美之詞。但平心而論，國軍新文藝運動對於繁榮臺灣文壇具有推波助瀾的作用。

當我國軍新文藝運動開展之際，海峽對岸文藝界開始進行減低稿費運動。記得一位作家的倡議書中說：「文人煮字療飢，那是舊社會的事，如今已一去不復返；在社會主義的新社會裡，作家拿起了筆，像農民拿起鋤頭，為了人民服務而勞動。因此作家為賺稿酬寫作是不光榮的事。」（大意。彷彿是張天翼寫的。）

是的，這種倡議正大光明，理直氣壯，立即獲取大陸文藝界普遍響應。到了文革時期，大陸報刊雜誌幾乎已經是沒有稿酬了。最讓作家苦惱的則是政治干擾。作家拿起了筆，戰戰兢兢如履薄冰如臨深淵，結果造成「魯迅走在金光大道」的萬馬齊瘖的現象。

當年設置文學獎金，有人擔心它將造成「文學商品化」的後果。時間證明：文學獎對於促進文藝繁榮，有一定的影響力，卻不會產生負面作用。

二

最近看了不少短篇小說，感觸甚深。在現代工商業社會生活，若要將心沉靜下來，把自己從生活中體驗的事物，提煉成文學作品，並不是一件容易的事。寫作小說，不是用筆把它寫出的，而是從思想中湧出來的。沒有生活體驗，不能寫出小說，因此生活體驗是作家特有的財富。

我學習寫作小說四十多年，是從摸索中走過來的。老實說，我向來不甚迷信寫作技巧、文學理論之類作品，因為它不是從實際創作擷取的經驗，所以它有局限性，有時它會成為作者創作上的絆腳石。試問：我國優秀的鄉土小說家沈從文，他是從學習了寫作技巧、文學理論書籍而寫出的《邊城》麼？

去年，臺北某報發表長篇小說《獵象》，文筆流暢，結構嚴謹，最可喜的則是趣味性濃，引人入勝，結果這篇小說並未獲取首獎。雖然有些朋友感到訝異，但我卻非常肯定評審委員的眼光，值得褒揚。

高爾基說過：「文學就是人學」。小說是文學的重要形式，是文學的主流，它的任務便是反映人的思想感情與活動。《獵象》只在熱帶象的週圍打轉，這在作者選擇題材上便發生戰略上的錯誤。

因此，寫作小說首要注意「選材要嚴」，選擇寫作的題材，一定是作者最熟悉而瞭解的事物，同時也是廣大讀者喜聞樂見的事物。否則，即使寫得多麼深刻、優美，也會失敗。其次則是「挖掘要深」，作者要像礦工一樣，努力、細細地挖掘埋藏在地層下的東西，也就是埋藏於人心底的歡樂與哀愁，這樣才能感動人心。世界上著名的小說，如《紅樓夢》、《水滸傳》、《戰爭與和平》、《獵人日記》等，都是選材嚴、挖掘深的作品。

我們必須指出：小說家絕不可搞文字遊戲，利用文字的排列組合，迷惑人心、麻醉人心；作家的關鍵在於生活，有深刻的生活經驗，才有高超的虛構能力。目前，北京有一群專門「侃大山」（吹牛皮）的青年小說作者，產量驚人，日進斗金，跟臺北一些所謂暢銷作家相似，毫無生活體驗，只會編造光怪陸離的故事，讓這些賺翻了天的小說家抱著鈔票見鬼去吧！

歷史的反思

著名左翼作家茅盾，在他的回憶錄《我走過的道路·霧重慶的生活》中，對於「文藝鬥士」張道藩的批評文章，值得反思，而且增進我們對於抗戰時期國共合作的深入了解。

茅盾是民國三十二年從香港脫險經桂林抵重慶的。甫抵重慶，張道藩以中央文化運動委員會主任的名義，宴請茅盾等人，並致送旅費補助金三千元。五月十三日下午，張道藩陪同他們去會見蔣委員長。不過，茅盾卻不提此事，從《胡風自傳》中發現這樣的記載：

沈志遠是先我進去的。他出來時，腰一彎，雙手一抬，一臉笑容，低聲但卻興奮的說，「哈，滿臉紅光！」但我見了以後，印象卻完全相反，可能是由於對沈的反感吧。後來，聽茅盾說，他問到茅盾對《中國之命運》的意見，茅盾欠身回答，「委員長主持百年大計……」。我聽後也有反感；怎麼能這樣說呢？今天看來，茅盾的回答是聰明的。

茅盾心目中的張道藩是怎樣的人，看茅盾的說法：

張道藩是CC系二陳（陳立夫、陳果夫）手下的一員大將，公開身分爲國民黨中宣部部長兼文化運動委員會主任，是國民黨主管文化工作的大人物。……便宴就在張道藩的客廳裡。……張道藩一開口就對我大加恭維，稱讚我這次應蔣委員長的邀請，率先來到重慶，是有眼光、顧大局的行動。還說，像沈先生這樣有國際影響的大作家，怎能寄居於西南一隅，只有在陪都這樣的政治、經濟、文化中心，才能充分發揮先生的才智。

張道藩在私宅設宴招待左翼作家，表現出他的誠懇態度，樸素生活。道公讚揚茅盾的一番話，是發自肺腑的話，絕非應酬話。從兩年後國民黨送路費給茅盾、郭沫若訪問蘇聯，可以作為證明，張道藩這位黨官是厚道的人物。

是的，道公是沒有心機的政治家，他有時講話過分坦率，甚至情緒化，這是藝術家獨具的氣質。從茅盾的回憶文章中，可以獲得證明：

張道藩尷尬的笑了笑道：我雜事太多，哪裡記得什麼文章。沉吟了一下他又說：我這個人年輕時也嚮往攀登藝術的殿堂，後來陰差陽錯才當上了這個文化官，實在力不從心。我覺得藝術家的心都是相通的，爲求純正的眞善美，就應該擺脫世俗的偏見。我問道：張先生這話可有所指？他答道：只是泛泛而論，不過，譬如說，沈先生一到重慶就連續給《新華日報》寫文章，便容易引起誤會。我放聲笑道：張先生當然知道，我是《新華日報》的老朋友了，一月十五日又是《新華日報》創刊五周年紀念，我焉能不寫文章祝賀？張道藩道：我不是這個意思，先生與共產黨的關係，我們也清楚。只是政府這次請先生來重慶，是希望先生多方面地爲抗戰文化工作作出貢獻。

凡是記得抗日戰爭時代歷史的朋友，都了解國共合作是為了共同抗日，在文化上或軍事上都是槍口對外，而不是對自己的同胞。張道藩約請茅盾為《文藝先鋒》寫長篇小說或短稿，也是藉著茅盾的大筆，喚起民眾，為抗日作出貢獻而已。是的，茅盾先生聽從道公的建議，後來給《文藝先鋒》寫了一些文章，但是卻惹起中共的反感，暗地對茅盾施以壓力，這是不甚光明的行為，這也為國共合作投下陰影。讓我們還是讀一讀茅盾先生的文章吧：

> 也許是我對張道藩採取了上述「合作」的態度，張道藩一直對我很客氣，即使一九四三年秋他不當宣傳部長之後，仍然如此。然而，在我們自己的朋友中，卻有了微詞，似乎我與張道藩的關係非同一般。葉以群曾好心的將這些閒言碎語透露給我。我對他說：爲什麼我們的工作方式只能是劍拔弩張呢？我們不是還在和國民黨搞統一戰線嗎？只憑熱情去革命是容易的，但革命不是爲了去犧牲，而是爲了改造世界。要我與張道藩翻臉，這很容易，然而我的工作就不好做了。想當初讓我到重慶來，不是要我來拚命，而是要我以公開合法的身分，盡可能多做些工作。

茅盾的這番話，使我們撥雲見日，看到了抗戰時期國共合作的真實面貌。許多共產黨員及其同路人，在統一戰線旗幟下，進行擴張力量，瓦解國民黨的工作。茅盾先生是著名作家、共產黨員，他說革命不是為了犧牲，「而是為了改造世界」；直白的說，他們的目標是推翻國民黨，建立起共產黨領導的社會主義政權。是的，茅盾的預言不到七年便真正實現了！

如今，張道藩、茅盾、胡風等人皆已作古，他們留下的文章已成了歷史：那是國共鬥爭的歷史、統一戰線的歷史；這個歷史給予我們血的教訓：設若沒有誠懇與真摯的情感去談到團結合作，那像建築在沙灘上的小木屋，是禁不起風吹雨打和海浪沖擊的。

〈南社〉小議

辛亥革命時期的「南社」，是一個進步的文學團體。它與同盟會相呼應，揚起革命文學的旗幟，鼓吹民主共和，反對清王朝專制統治。「南社」在近代史上具有一定的影響力量。

「南社」成立於一九〇九年冬，發起人陳去病、高旭和柳亞子等人。第一次集會是在蘇州虎丘。所謂南社，取「操南音不忘其舊」之意。次年春，「南社」社員漸多，復集會於上海愚園。當時汪兆銘、胡漢民、邵元冲、居正、戴季陶、于右任、葉楚傖、蘇曼殊、馬君武等名人，皆先後參加「南社」，它幾乎成為中國國民黨人的文學團體。這是值得炫耀的一件盛事。

「南社」初期社員，年輕有為，意氣風發，詩文活潑有力，且具有濃重的浪漫主義氣息。以汪兆銘而言，他於一九一〇年參加暗殺清攝政王戴灃被捕，在獄中寫出絕命詩：「慷慨歌燕市，從容作楚囚：引刀成一快，不負少年頭。」頗有壯士一去不復還的悲壯氣慨。既以汪兆銘用筆名季新於一九一五年發表的〈紅樓夢新評〉而言，雖不甚深入，但也表達了他獨特文學觀點。他寫道：「（紅樓夢）是中國之家庭小說。中國之家庭組織，蟠天際地，綿亘數千年，支配人心，為中國國家組織之標本。國家即是一大家庭，家庭即是一小國家。」

「南社」創始人之一陳去病，江蘇吳江人。早年要求變法革新，後參加同盟會。他的詩多悲憤國事之作。辛亥革命後，曾任江蘇革命博物館長，後任東南大學教授。並主辦〈二十世紀大舞台〉雜誌。著有〈浩歌堂詩鈔〉等。陳去病在革命成功後，思想逐漸消極，於一九三三年病逝。至於另外一位創始人高旭，江蘇金山人，曾任同盟會江蘇支部部長。寫過不少宣揚革命的詩稿。假托石達開之詩二十首，在當時流傳甚廣。著有〈天梅（他的號）遺集〉等。高旭在後期也非常消沉，早於北伐前夜病逝，終年四十八歲。

大抵文學家皆有熱情，否則寫不出動人的詩篇。文學家參加革命的動機純潔，但等革命成功，看了蛻化變質現象，便會心灰意冷，這也是必然的心理變化。我們不能苛責他們。我認為魯迅對「南社」的興衰評論得還算中肯，他說：「希望革命的文人，革命一到，反而沉默下去的例子，在中國便曾有過的。即如清末的南社，便是鼓吹革命的文學團體，他們嘆漢族的被專制，憤滿人的兇橫，渴望著光復舊物。但民國成立以後，倒寂然無聲了。我想，這是因為他們的理想，是在革命以後，重見漢官威儀，峨冠博帶，而事實上並不這樣，所以反而索然無味，不想執筆了。」因為革命後的勝利果實，並不是像詩人理想那麼完美，所以看到不如意的地方，他們便陷入失望的境地。俄國詩人葉賽寧，在十月革命前夕興奮、歌頌，但等革命成功，葉賽寧竟然自殺。魯迅評論詩人葉賽寧是「碰死在自己所謳歌希望的現實碑」上的悲劇。

「南社」在近代史上有它燦爛的一頁。最鼎盛時期社員有一千餘人。其中不少皆為中國國民黨要員，如行政院長汪兆銘、司法院長居正、考試院長戴季陶、監察院長于右任、中央黨部秘書長葉楚傖、代立法院長邵元冲等。

「南社」社員在一九二三年因內部分裂而停止活動。到了一九二八年，「南社」社員才在蘇州虎丘舉行二十週年建社紀念會。一九三四年，又在上海新亞酒樓集會，到會一百零八人，改作「新南社」，已是日暮途窮的地步。

他們留傳的「南社」社員詩文，輯為〈南社叢刻〉，共出版二十二集，是研究我國近代文學史的重要資料。

雖然「南社」後來消失，但它對我國新文學影響很大。也許宣傳不夠，不少文學朋友忽視「南社」，實為憾事。

石達開僞詩說起

歷史有不少材料是假的，已是衆所週知的事實。過去聽說太平天國的將領石達開的詩，是別人寫的，後來得到證明，皆為「南社」創辦人高天梅所作。高天梅是江蘇金山縣人，曾在北洋政府作過衆議員。

陳白塵《牛棚日記》記述：「寫匡亞明材料。在反省院時他曾和我同囚一室，對太平天國的石達開傾倒備至，每為我吟石的詩作，嗟嘆不已。其實解放後據柳亞子說，石詩多係高天梅偽作，時在辛亥前，借以鼓吹革命也。」

石達開的詩稿，思想意識頗多矛盾。可見他絕非出於一人之手。傳說梁任公偽作五首，高天梅偽作二十首。梁任公是保皇黨，而高天梅則為同盟會員，兩人的革命立場不同，作品思想意識也是兩樣。高天梅的偽作，是借石達開來喚起民衆，推翻清王朝統治，這是高天梅令人敬佩的地方。

高天梅原名旭，少年時便有革命思想。光緒二十六年（一九〇〇）唐才常在漢口起義失敗，他聞訊痛憤至極，寫出「落日揮戈氣肯降，漢兒發願建新邦」的詩句。一九〇四年，高天梅赴日本留學，在東京結識孫中山先生，加入同盟會。兩年後回國，任同盟會江蘇分會會長，設機關於上海八仙橋。一九〇八年，高天梅與陳去病、柳亞子籌建「南社」，次年十一月正式成立大會，編輯「南社」。辛亥革命前社員達二百多人，民國成立後發展到一千一百餘人。

辛亥革命前，高天梅在上海創辦健行公學，時柳亞子來校作學生，高天梅發現柳亞子文學水準比較高，便立刻拔擢他為教師，並介紹其加入同盟會。這是柳亞子進入「南社」的歷史淵源。中共建國後，柳亞子是毛澤東的詩友、座上客，因此高天梅的詩稿也受到文化界的矚目。高天梅遺有《天梅遺集》，選存一千二百餘首。他的詩詞以外的文章，聽說將於近期整理出版，確是研究「南社」史料的一則喜訊。

讀陳白塵《牛棚日記》，我又發現一則偽作史料：

按一九五七年八月十四日的會，即指在批判丁（玲）、陳（企霞）反黨集團時，夏衍揭發馮雪峰的那次會，這確實是一次令人不解的會。會上，馮雪峰承認，魯迅〈答徐懋庸並關於抗日統一戰線問題〉一文是他執筆的，其中攻擊周揚等人爲「四條漢子」，亦是出於他自己的意圖云云。隨後夏衍發言，揭發了馮雪峰的宗派主義和他們所受到的打擊等等。這樣一來，魯迅先生關於「四條漢子」的論述都翻了案！

過去，許多人對於這篇文章感到困惑不解。我亦如此。直到八十年代後，《魯迅全集》再度出版，才解開了迷茫。這篇〈答徐懋庸並關於抗日統一戰線問題〉，仍舊收入《魯迅全集》。

因此，我們應該這樣作結論：馮雪峰當年是按照魯迅口述的意見寫出這篇文章的。抗戰前夕，左翼作家聯盟分子意見分歧，中共軍政機構遠在陝北延安，無力也無法傳達其統戰策略口號，所以「兩個口號」的論爭，形成一盤散沙的現象。老實說，魯迅偏愛胡風、馮雪峰，這是眾所週知的事實。魯迅對於周揚、田漢、夏衍、陽翰笙「四條漢子」在交往上是有隔膜和敵意的。從這篇文章可以獲得印證。

巴爾札克說過：「小說是人類的秘史」。換言之，文學作品雖然有偽作，但它卻是歷史鮮活的材料；而歷史，包括文學史、藝術史、有些史料錯誤甚多，也不公正，這是歷史學者難以否認的事。海峽兩岸文化交流以來，看了一些大陸寫作的《臺灣小說史》、《臺灣現代詩發展史》、《臺灣文學史》，感到非常憤慨不滿。這些作者抄襲了香港、美國的華人文學評論作品，以瞎子摸象手法，評論四十年來臺灣文學動態，讓人讀了啼笑皆非，不知所云。願這些文抄公、投機客早日覺悟吧！

不恥下問

中央廣播電台編審組，原在臺北林森北路七號三樓。靠近忠孝東路。白天，馬路上的汽車行駛聲、喇叭聲、競選宣傳車的音樂和演說聲，吵得人頭皮發麻，若非樓窗緊閉打開冷氣機，否則實在無法寫稿。我進編審組作編撰，時在一九七三年八月。林森北路七號大樓五年，是我畢生難忘的一段歲月。

清晨上班前，我常去林森南路一條巷子裡吃陽春麵。先在附近一家專作長方形燒餅的小店，買一套燒餅夾油條。油條炸得脆而香，老油條呈褐色，風味更佳。讓我百吃不厭。至於陽春麵煮得火候恰好，菜葉鮮綠飄浮油漬的碗上，一只荷包蛋浮映眼前，看著舒服，吃得開心。走出麵館，穿越馬路便上了樓。

整個一天，我全心投入緊張的工作中。看海峽兩岸文化資料，寫廣播稿，或開會討論專題。那時編審組人才濟濟，一團和氣，充滿民主氣息。凡遇到有關大陸文藝問題，我常去問王集叢或「老油條」吳引漱。政府遷臺不久，成立「中華文藝獎金委員會」，最初獎助兩部長篇小說，一部是潘壘的《紅河三部曲》，另一部就是「老油條」寫的《紫色的愛》。「老油條」的筆名是水東文。當年張道藩先生接見他，說他名字美得冒泡兒，何以滿臉充滿「憂患意識」？妙哉。吳引漱是蘇北人，他卻滿口四川話。我每次問他問題，他總不厭其煩解答。但我有時還反駁他，甚至批判他的錯誤。他更是嘿嘿一笑。他怎麼是「老油條」呢？實在冤枉了他。每逢想起此事，我心中便難過不安，我深覺對不起他，我實在太混帳了！

編審組的學習風氣濃厚，凡遇到難題，決不朦朧過關，一定打破沙鍋問到底。我像一隻潔癖的銀鼠，竟日穿梭資料室與辦公室之間。翻閱資料、查辭海、年鑑，有時請教同事，有時打電話向先進請教，我幾乎每天和玄默（佘延苗）連絡，他是大陸文化藝術活字典，記憶力特強，而且不嫌麻煩。他已病逝多年，我曾流淚送喪，這是贅語。

孔子教導門生「不恥下問」，實在是重要的治學方法。我認為它比讀書還有用。當時我為一家書局寫一本有關三十年代文藝論爭方面的小冊子，雖然閱讀了大量材料，但總有隔靴搔癢之感。我請教先進朋友，王集叢在上海曾和艾蕪、沙汀在一起辦「辛墾書店」；玄默在抗戰時期和胡風共事多年，相交至深。這些鮮活的材料豈不比書刊上的文章更具真實性？

有一件糗事，也是我在編審組發生的。那年，我隨同文藝訪問團赴柏林參加「漢學會議」。臨行前，在一次聚會中我向鄭學稼談起黑格爾說過的一句話，「光明自東方來。」這個「東方」到底是中華文化呢？還是印度文化？我茫漠不解。

你認為是什麼?鄭老微笑,反問我。

也許是咱們中華文化吧。我說。

他拊掌大笑!「老張,你在歐洲若是講出這種話,外國人會笑掉大牙。黑格爾指的東方,是君士坦丁堡,也就是現在土耳其的伊斯坦堡。」

生也有涯,而學也無涯。我在林森北路大樓五年,戒了香菸,離開了麻將桌,再也聽不見「你乾杯,我隨意」的陳腔爛調;我學會了謙虛謹慎、不驕不躁,學會了翻辭海、查資料、不恥下問,飲水思源,這是中央廣播電台編審組給予我的薰陶。

我在林森北路七號三樓三〇八室的一角,像一只土撥鼠,蟄居五個寒暑。那時我四十出頭,春華正茂,精力旺盛,曾寫出大量的廣播稿,通讀了愛倫堡的長篇小說《暴風雨》、蕭洛霍夫的四大本《靜靜的頓河》;同時我還擠時間寫出二十八萬字的長篇小說《遠天的風沙》、報告文學《陽光照耀著南中國海》、政治評論集《下場》等作品。

讀書的閒趣

四千年來，我國知識分子遵守「士為生民之首」教條，摸著石頭過河。愛書者多半是窮人，自古皆然。宋朝燕照鄰有一首詩，妙極。「女矮兒癡十口餘，進時無業退無廬，一窗風雪韓城夜，火冷燈青照舊書。」雖然家境如此蕭涼，卻依然愛書成癖，這是科舉制度培養而成的。

有些人愛書，藏書，把書看得比妻兒還要嬌貴。如果你把他的書任意折皺，甚至撕掉一頁，那比砍去他兒子一條腿還讓他心痛。宋朝趙文敏在書尾跋云：「聚書觀書，亦非易事。觀書者淨几焚香，澄心靜慮，勿捲腦、勿折角、勿以夾剌、勿以作枕、勿以爪侵字、勿以唾揭幅，隨模隨修，隨開隨合，後之得吾書者，並奉贈此法。」有些人寧肯借錢給朋友，卻捨不得借書給朋友，這絕非吝嗇。明朝葉盛《書廚銘》上說：「讀必勤、鎖必牢、收必審、閣必高、子孫子、惟學斅，惜非其人亦不孝。」

借書不歸還原主，是知識分子的最大污點。六十年代裡，臺灣對三十年代左翼文學作品，查禁甚嚴。那時我手上有數冊禁書。有一次，小說家某君得悉，向我秘密借去端木蕻良長篇小說《科爾沁旗的草原》、張天翼的短篇小說集《茶葉棒子》。當時講明當月歸還，後來隔了兩年會面時，他拍拍腦袋，向我道歉，言明公務繁忙忘卻此事，並說下次專程趨府還書順便拜訪新婚夫人。讓我聽了面紅心跳。歲月悠悠，這些陳年舊話，已過去了四十年。這位在臺北頤養天年的小說家，卻仍未還書。願上蒼庇佑他健康。

當年我搜尋來的文學禁書，煞費苦心，而且並不光明正大，跟偷來或騙來的差不多。那時我在海軍服役，高雄的十幾家租書店的藏書，我瞭若指掌。首先作好調查研究準備，暗自記下書名和租押金數目，等月底領到薪水和稿酬，便去租書店「租書」。租書店的老闆非常精明，他對於厚重的書籍，不論新舊，押金常在三十元左右。當時這筆錢是我四分之一的薪水。為了達到目的，我常跟老闆陪笑臉、講好話。店老闆把我看成書獃子，但我卻是一個心術不正的壞人。每次租回來的文學禁書，付了押金與一週租金，留下的是筆名、化名與假地址，從此永別。半年之間，我盜回的禁書有姚雪垠的《長夜》、魯迅的《兩地書》、路翎的《財主底兒女們》、老舍的《駱駝祥子》、葉紹鈞的《倪煥之》、還有卞之琳、何其芳、李廣田三人的《漢園集》詩集；至於我的朋友借走的兩本小說，也是我在五十年代的藏書。四十年過去，回顧前塵，我忍不住熱淚盈眶，卻也忍不住拊掌大笑啊！

藏書是一種樂趣。明朝初年，宗室如靖王朱奇原、晉莊王朱鍾鉉、端王朱知烊、定王朱惟焯、寧獻王朱權、秦簡王朱誠泳、光澤王朱佑燀、廬江王朱見南等，貴臣如祁承㸁、宋濂、楊士奇等，都愛藏書，蔚為風氣。楊士奇幼時家境貧寒，一日，他在書舖發現《史略》二冊，價值百錢，雖心中喜愛卻無錢購買。他母親得悉此事，把家裡飼養的老母雞賣了百錢，給兒子把《史略》買回家讀。傳為佳話。明朝邵寶〈偶間書香〉詩，形容自己愛書成癖：「少愛新書楮墨香，不辭書價借錢償；坐來精舍還懷舊，海鶴詩中萬卷堂。」胡元瑞在北京作官，官俸全化在買書上，有時還賣掉妻子首飾換錢買書，最後積藏了四萬二千三百八十四卷書。那時還有一位浙江金華虞參政，家中藏書數萬卷，蓋起一座書樓，實在羨煞人也。虞某為了防止偷書、借書朋友，也為了避免火災，將書樓蓋於水池的中央。白天用小船往來取書，黃昏則把小船收起。書樓上掛一牌子，上書：「樓不延客，書不借人。」我們不同意這種守財奴作風，如我擁有這座書樓，書樓牌子改寫成「歡迎閱讀，恕不外借」，這才發揮了書籍傳播知識的作用。

我國是一個尊重讀書人的國度。北方人有一句俗話：「偷書不為賊，逮著一頓捶。」魯迅在短篇小說〈孔乙己〉中，有這樣一段精彩的描寫：

> 孔乙己一到店，所有喝酒的人便都看著他笑，有的叫道：「孔乙己，你臉上又添上新傷疤了！」他不回答，對櫃裡說：「溫兩碗酒，要一碟茴香豆。」便排出九文大錢。他們又故意的高聲嚷道：「你一定又偷了人家的東西了！」孔乙己睜大眼睛說：「你怎麼這樣憑空污人清白

……」「什麼清白？我前天親眼看見乞偷了何家的書，吊著打。」孔乙己便漲紅了臉，額上的青筋條條綻出，爭辯道：「竊書不能算偷……竊書……讀書人的事，能算偷麼？」接連便是難懂的話，什麼「君子固窮」，什麼「者乎」之類，引得衆人都哄笑起來；店內外充滿了快活的空氣。

我在朦朧間，彷彿看見一位衣衫襤褸的乞丐，盤著雙腿，下面墊著一個蒲包，用草繩掛在肩上，匍匐前行。他嘴裡嘟囔著「之乎者也」讓人聽了似懂非懂的話。孔乙己讀過經史子集，也曾懷抱著「書中自有黃金屋」、「書中自有顏如玉」的夢想，但終於沒有「進學」，也不會營生；加上四體不勤，五穀不分，而且懶惰嗜酒，最後幹起小偷小摸的勾當。孔乙己是因偷了丁舉人家東西被打成殘廢的。讓這種書獃子趕快做鬼投胎去吧！

讀〈天怒〉的聯想

清朝文學家張潮曾以雪夜掩門讀禁書引為樂事。我也有這種生活體驗。二十年前，海峽兩岸劍拔弩張，我幸運地借來一部姚雪垠的歷史小說《李自成》。趁著春節假期，窗外的天陰沉濛茫，竟日飄著淒風冷雨，我躺在厚重棉被窩裡看小說。看到李自成率領農民起義軍困守商洛山區，有一群從土匪流氓改編過來的兵士，不改舊日習性，縱酒聚賭，欺壓百姓。李自成召集這些違紀隊伍，痛斥他們罪行，講起他在陝西組織貧窮農民起義的願望動機，李自成不禁聲淚俱下，而我也掩卷嚎啕大哭起來……

這時，正在廚房忙碌年夜飯的蘭梓聞聲走來，埋怨我說：過年了，你哭啥？神經病！

張潮看禁書引為樂事，而我讀禁書卻帶來哀痛，這大抵是所讀的禁書內容不同吧。

最近我讀完中國大陸的一部禁書《天怒》，毛骨悚然，熱淚盈眶，恨不得跑到海濱抱頭哭一場，才會消除淤積胸頭的悶氣。這部長達三十八萬字的長篇小說，比日本松本清張的推理小說更刺激、緊張，而有懸疑性。它具體地揭露出北京特權階層貪污腐化的實況，已達到天怒人怨的地步。松本清張的推理小說，只有娛樂作用，只是消閒讀物；但這部方文寫的《天怒》，讀起來既有娛樂性，而且可作歷史參考材料。

巴爾札克說：「小說是人類的秘史。」讀巴爾札克的小說，可使讀者瞭解十九世紀巴黎社會結構與風貌。巴爾札克筆下的老葛朗台，他看見金子，「眼睛便發出金燦燦的光采」。他的小說讓我們看到資本主義社會城市民眾的真實面目，以及親情、友情和愛情的關係。

據說《天怒》這部揭發陳希同、王寶森貪污案的內幕小說，是根據專案組的秘密材料寫成的。這也是它具有真實性、震撼性的最大原因。北京當局查禁此書，有它的難言苦衷。坦白地說：作為一個炎黃子孫，我讀了《天怒》，內心是痛苦的。從一百多年前爆發鴉片戰爭，締結了喪權辱國的江寧條約，從此中國人民淪為次殖民地地位。成千成萬的愛國志士，為了救國救民，拋頭顱、灑熱血；更有千千萬萬知識分子，為了把中國建設為富強國家，用筆與舌作宣傳，有不少人卻因為觸犯了教條主義的禁令，作了冤魂。當前，我們親眼看到北京改革開放政策開花結果，神州大地舊貌換新顏，呈現一派欣欣向榮景象。但是，卻有一小撮特權階段貪贓枉法，無所不為，這怎不使人痛心疾首呢！

俄國作家愛倫堡說過一句使人觸目驚心的話：「一方面是莊嚴的工作，一方面是荒淫與無恥。」《天怒》書中有這樣的描寫：

何啓章猛地抱住崔燕親吻，拔在她身上的睡衣滑落，露出了修長的大腿。何啓章嘆息說：

「燕燕，到了你這裡，我才恢復人的生活。」

「怎麼，你氣色不好，和誰生氣了？」

「焦東方和他爸爸，一直把我當槍使。去年聖誕節，焦東方要我爲他的朋友從市政府借五千萬，連同我拿出去投資的五千萬，一共一個億，是焦書記批了條子的。現在那一個億被套牢，那頭出了事。這父子倆不認賬，讓我頂雷，我也答應了，如果上級調查，我承認是我擅自作主投出去一個億……」他脫去衣服，鑽進被窩，摟著香噴噴的肌體，瘋狂地作愛。

崔燕發出快樂的呻吟說：「你都弄疼我了。我快要結婚了，你不反對吧？」

「我反對有什麼用？」

「謝謝你的寬宏大量。」

《天怒》小說中的焦書記，就是鼎鼎大名的中央政治局委員、北京市委書記陳希同。他生於一九三〇年，今年六十七歲。若是他不被揭發貪污腐化，他會飛得更高、更遠。正如印度著名詩人泰戈爾說的一句哲言：「有的鳥原該飛得更高、更遠，卻由於翅膀繫上了黃金，再也飛不起來。」值得觸目驚心的是陳希同的公子、花花太歲陳小同，竟然利用特權，裡應外合，冒領公款一億元（折合新台幣三億三千萬元），這在目前世界各國，皆是一件駭人聽聞的貪污案件。

看到陳希同、王寶森貪污腐化寫成的小說，讓我感慨萬端。平心而論，四十多年前，中共幹部初進城市，他們大多懷著「萬里長征剛跨出第一步」的心情，謙虛謹慎，不驕不躁，從事群眾工作。那時，天津一位地委書記劉子青、副書記張子善貪污公款一百五十五萬元，於河北省第二次代表大會揭發後，立即逮捕，並公審執行槍決。這是眾所週知的史實。何以到了二十世紀末期，竟會發生如此驚人貪污案？

張煒的長篇小說《古船》，有這樣一段獨白，是從一個農村老知識份子隋抱樸嘴裡說出的：

> 人哪，你到底能走多麼遠？就一直走下去嗎？讓人最害怕的不是天塌地陷，不是山崩，是人本身……洼狸鎮曾經血流成河，就這麼白流了嗎？就這麼往鎮史上一划結了嗎？不能，不能輕易忘記，得尋思到底是爲什麼。……人在別處動腦子，造出了機器，給馬戴上了籠頭，這都不錯。可他自己怎麼才能擺脫苦難？他的凶狠、殘忍、慘絕人寰，都是哪個地方、哪個部位出了毛病？

看過方文的長篇小說《天怒》，看到那些貪官污吏、男盜女娼的醜惡面目，讓我也發出這樣的疑問：「這是哪個地方、哪個部位出了毛病？」

《天怒》塑造的北京市反貪局偵查處長陳虎，及其助手焦小玉的機智、勇敢，非常成功。他們給予讀者一片希望。我聯想起水運憲的小說《禍起蕭牆》中的傅連山，敢於向舊觀念、惡勢力鬥爭。小說中有這麼一段發人猛省的話：

> 這是一種比較普通的香樟樹——香樟。看樣子栽下去還沒幾天。樹根周圍剛剛澆了水，泥土浸濕了一塊黑圈圈。樹幹還很細嫩，最粗的也只不過同墨水瓶的直徑差不多。爲了加強樹幹的耐風力，每棵樹幹都綁上了一兩根竹棍。樹葉倒是十分繁茂，蓬成了一個圓球狀。但是，樹梢已經開始發黃，有些樹葉已經捲曲，用手一捏，喳喳作響。……像這樣移栽過來的樹苗，根鬚受了些損傷，吸收水份和養料的能力大大減弱了，無法滿足莖葉的需要。必須打掉很大一部分枝枝葉葉，才能使這些小樹成活、茁壯，長成棟樑之材。否則，再澆水、再加撐都是枉費心機。如果迷戀於這些枝葉昌盛的暫時外表，下不了狠心，那就將導致整棵樹的毀滅。
>
> 為小樹打枝、削葉，是為了小樹茁壯與成長。這是《禍起蕭牆》突出的主題。

在中國大陸改革開放後，從北向南，從中央到地方，確實出現了不少乾枯作萎的枝葉，若不削枝剪葉是不行的。否則它難以茁壯成長。

去年冬天，我隨同文協訪問團赴北京，隨手買了一冊長篇小說《蒼天在上》。看了地方幹部官官相護、貪污腐化情況，不禁目瞪口呆，這是真正的事實麼？是否有點誇張？後來，到了廈門，一位熱情的作家朋友握住我的手，回答我：「這本小說毫不誇張，中央已肯定了這部小說。」

歌德說過：「我們可以隨自己的高興來認識這個世界，然而世界總少不了光明面和陰暗面。」不過，當我看《天怒》時，脈搏加速，血壓猛升；我在朦朧中，彷佛看見焦書記帶著公子、祕書和姘婦，站在暴風驟雨的江岸發抖，江上波濤洶湧，浪花飛濺；讓這些貪污腐化墮落的特權階級跳江去吧！

武俠小說熱的省思

最近臺北掀起一股武俠小說熱，它像颱風越過臺灣東北角，下幾天暴雨，也就煙消雲散，陽光普照大地了。歷史是前進的，它不會隨同人們主觀願望而轉移。我自幼是武俠小說迷，為了偷看武俠書，我父親氣得渾身發抖，撕碎了我枕頭下的一堆武俠小說。但是當我離家遠行時，滿鬢蒼白的父親卻送我到車站，塞給我一冊嶄新的王度廬寫的武俠小說《臥虎藏龍傳》，在火車向南行駛的轆轆聲中，手捧新書，我的眼淚不禁奪眶而出了。

這部小說是王度廬在青島《新民報》發表後出版的。我愛不釋手，從徐州、南京、上海、藍田、衡陽、廣州，最後我把它帶到澎湖漁翁島。雖然遺失近五十年，這部小說的人物，卻一直縈繞眼前，有些精彩的描寫，我還能背誦出來。如第十一回敘述李成帶了羅小虎去妓院尋找仇人的一段——

李成就故意咳嗽了一聲，屋裡就有女人發話了，說：「是誰呀？姓張姓李先說一句話，別他媽的屬刺蝟的，光咳嗽！」紙上浮出人影，但很模糊。李成走到屋門前，就說：「是我呀！十天我沒來，你就不認識鄉親啦嗎？」女人說：「哦！原來是花牛兒呀？這些日子你淨在哪棵樹上趴著啦？還能認識這個門，就算不離！進來吧！」

我向來是反對「厚古薄今」論者，總認為時代在前進，人類意識形態也前進，而通俗文學作品也會前進。但是我讀過四十年代以前的武俠名家作品，如「北派四大家」的還珠樓主、白羽、鄭証因、王度廬，再翻看一下當前的武俠小說，卻湧起「王小二過年」，一年不如一年的感嘆。有時還常流露出「路見不平，拔刀相助」的俠情。為啥有的人才高八斗，學富五車，懂得三教九流生活習俗，具有各種民族藝術修養，像剛才我引述了武俠作家王度廬的一段精彩描寫，它的文字語言水準，豈不和著名小說家老舍相近麼？

安得列．紀德《地糧》上，有這樣的詩句：

有些書只被收藏在
私人圖書館中
有些書卻受到
有資望的批評家們的讚譽。
有些書不事吹噓，且引人入勝
當你讀著的時候像是放著光輝。

大抵從五四新文化運動以來，武俠小說、言情小說等通俗文學便受到莫名其妙的歧視。武俠、言情小說作者，永遠被排斥在文學殿堂的牆外，這是不公道的，但它卻是事實。我在少年時偷讀武俠小說，挨父親的責罵，便是因為怕我走入歧路。通俗文學以消遣娛樂為主，傳統衛道之士視為玩物喪志。況且自明清以來，小說的地位低下，不能進大雅之堂。在科舉制度籠罩下，知識分子走的是「學而優則仕」的窄門。試問，青年人讀小說有何用途？清末，黃小配曾這樣評論說：

> 然觀二十年以前，凡著小說者多不署姓名。此其故或出於所撰之書爲當朝所忌；而尤以風氣未開，不知小說之如何重要，著者不過以涉筆成趣爲之，又於賢傳聖經，拘守繩尺，稗官野史，不列於著作之林，故反以撰小說爲辱而不以爲榮。

從明清時代的「正人君子」，向來瞧不起小說，咒罵小說「誨淫誨盜」，而且指的卻是偉大的經典文學〈水滸傳〉、〈紅樓夢〉等作品。連近代史上著名學者梁啓超也說過：「小說乃無關世道人心的閒書。」甚至到了八十年代，不知誰創造了一個新詞彙「演藝人員」，它包括了演員、歌手。還有人故意把「文藝」顛倒而為「藝文」，直白地說：他們瞧不起搞文藝的，所以顛覆文藝二字以示輕視。這是鐵的事實。我們不要怪罪他們，這是傳統意識造成的結果。

通俗小說是民國以來城市居民的普及讀物。據不完全統計，僅以武俠、言情、社會、偵探四類的長篇小說，在抗日戰爭以前，就出版了一千七百多部：包括武俠小說六百六十七部、言情小說五百四十八部、社會小說四百零一部、偵探小說一百五十三部。據我過去看過的文章記憶：魯迅的母親並不看兒子的〈阿Q正傳〉、〈

狂人日記〉，卻是張恨水的忠實讀者。每當張恨水小說出版，周老夫人一定催魯迅買給她看。這是《魯迅全集・書信》中記載的史實。從此看來，通俗文學繼承了古典小說的傳統，它符合了中國民族閱讀欣賞的習慣。

范伯群在〈現代通俗文學被貶的原因及其歷史真價〉一文中說：

一九三一年夏，張恨水與鄭振鐸相遇在北上列車中。鄭對張說：「對於技巧方面，茅盾認爲你有你的長處。」鄭還說，茅盾對章回小說的改良寫法，認爲「在通俗教育方面，也還不失爲一個利用工具。」這種意見雖已客觀得多，但還呈保留態勢。在一九四九年三月，鄭振鐸與徐鑄成談及劉雲若時，就更爲明朗了。鄭對徐說，讀了劉雲若的長篇連載，「極爲驚奇，看到他的筆觸極細緻，刻劃人物極生動，特別是描寫天津下層社會的生活，眞可說是入木三分。」

從此可以證明，通俗文學有不少優美真摯的作品，我們絕不能以「一視同仁」態度輕視它；反過來說，所謂純文學作品，也有許多劣品，這是眾所周知的事實，一九九四年三月十八日，我應邀在美國哈佛大學作題為〈中共新時期小說評論〉專題演講，我曾推崇過去張恨水的小說，以及通俗文學的民族特性。會後，不少從中國大陸來此留學的青年圍在我身邊談話，有人竟然問起我和張恨水有何關係？我笑著說：「我是他的讀者。都姓張。」

張恨水和著名武俠作家王度廬一樣，在過去工農兵文藝掛帥的大陸，度過了淒涼而寂寞的晚年。張恨水的成就，成舍我先生對他的幫助很大。早年成舍我在北京辦〈世界晚報〉，讓張恨水為副刊〈夜光〉寫長篇小說〈春明外史〉，從此他聲名大噪。二十年前，我在臺北和成舍我會面曾聊起此事，成老微笑以對。張恨水身在北京，兩岸呈敵對形勢，成老確有難言之隱。張恨水文思敏捷，學問淵博，他的小說「正語反用，古語今用」，散發出古典主義與現實主義撞擊所迸射出的火花。他畢生寫了一百十多部長篇小說，雖間或有粗疏之作，但它廣闊地反映了清末以來大江南北青年知識分子的思想生活面貌。最使人感到不平的，則是許多文學評論家睜著眼說瞎話，把他列為「鴛鴦蝴蝶派作家」。

王度盧的名氣固然不小，讀者遍及大江南北，但是中共建國後，武俠小說被列為牛鬼蛇神、毒蛇猛獸，因為它和社會主義文藝路線背道而馳。起初，王度盧隱姓埋名，從山東青島返回大連，在一家專科學校教國文，後來去了瀋陽，繼續教書。文革時期，他以黑五類、臭老九的身分，被下放昌圖農村。心情鬱悶，無語問蒼天，最後於一九七七年二月十二日病逝鐵嶺。如果他地下有知，看到當前中國大陸的武俠小說、言情小說魚龍混雜、泥沙俱下的潮流；再看到臺北的「武俠熱」一窩蜂景象，他一定捶胸頓足，嚎啕大哭！他這一輩子實在太倒楣了！

文人煮字療饑，生活困難。張恨水在重慶時，每日渡江擠公車，有時揹平價米回家，吃點東西，熬夜寫作。桌前是一盞菜油燈。王度盧的生活亦復如此。著名武俠名家白羽寫過劉雲若的思想願望，看了讓人心酸難過：

雲若近日渴望發財，發財則可以閉戶著書，勒成名作。昔戴南山自謂胸中自有一部書，猶未寫出；方靈皋亦深信其胸中果有一部書也。我於雲若，亦復云云。何日不愁柴米，然泰然拈筆，寫其所欲寫耶？且同佇望，有此一日。

近百年來，有無數的通俗文學作家、包括武俠小說作者，他們煮字療饑，過著清苦而寂寞的生活。如今我看到金庸先生的幸福情景，撫今追昔，不禁潸然涕下。他的武俠小說遍及東南亞各地。大陸開放後，他的武俠作品也進入內地。鄧小平、胡耀邦生前曾接見了他，江澤民也和他作了親切的談話。最讓我感到訝異的，前兩年海南島一個青年文學社團，為五四以來小說家重新排位，竟然排成老舍、魯迅、沈從文、金庸……消息傳出，輿論譁然。最讓人感到茫然不解的則是北京大學教授嚴家炎，在臺北論評金庸的作品的藝術水平，介於法國十九世紀的雨果與莫泊桑之間。若是如此誇大宣傳，金庸先生的作品應該角逐諾貝爾文學獎了吧？

漏船載酒泛中流

臺灣北部的冬季，寒冷、潮濕。我躲在小樓寫〈天譴〉，當它結束之前，我卻泛起愁腸。這部自傳體的長篇小說，記錄了四十九年前，八千多名齊魯大地青少年，跋涉千里，宛如向日葵追逐太陽，沿津浦線南下，從南京經上海、杭州到了湖南，最後齊聚廣州，渡海到了澎湖。

四十多年的歡樂與哀愁，彈指之間過去了……

寫到尾聲階段，我每日只能寫十餘字，比蝸牛在沙灘上蠕動爬行還要艱難。

于祥生從此埋首於酒和嘆息聲裡。他憶起當年在湖南作流亡學生，月黑風高夜，他和呂娟跪在一座陰暗的土地廟前，喃喃禱告：「不願同年同日生，但願同年同日死。願世世代代作情侶……」少年不識愁滋味，過去回憶此事，面紅耳赤，摀嘴偷笑；如今追憶往事，他卻抱頭大哭了！

海潮嘩拉拉地沖擊著岩石和沙灘……

丁祥生沐著月色，走上了鴨嘴崖。海峽的水呈墨綠色，偶爾翻湧出蛤蠣似的浪花。海風沙沙吹過，他覺得有點涼意。他揚起了雙臂……

我寫到這裡，停住了筆，再也寫不下去了。按照原來計劃，我是安排男主角于祥生跳崖自殺的；可是，我開始猶豫起來，于祥生在這塊蕃薯形狀的海島上，戀愛、結婚、養育兒女，他有不少的少年伙伴成為企業家、將軍、學者、工程師，也有些病死冤死甚至自殺，作了異鄉孤魂野鬼……四十多年來，于祥生流了汗汁，洒在這座海島上，飲水思源，他最後怎能再跳海自盡呢？如果沒有浩瀚的臺灣海峽，于祥生不會流落異鄉，造成生離死別的悲劇。

據科學家的正確論斷：遠古的臺灣海峽，曾是山巒起伏，臺灣與大陸原是連結的陸地，臺灣海峽則是大陸東緣的一條海槽。考古學家在臺灣西部發現了遠古時期生活於大陸的劍齒象、四不象等大型哺乳類動物的化石，這是海峽間海退陸出時，從大陸走來臺灣的。植物學家研究考證，臺灣和福建有六十八屬八十一種植物種類相同。

若不是這條臺灣海峽，四十九年前共軍華東野戰軍也許會攻陷臺灣、澎湖、金門、馬祖：若不是這條臺灣海峽，國軍部隊也許會在五十年代末期甚至「文革」時期，反攻大陸，光復南京，讓青天白日滿地紅國旗，飄揚在紫金山麓。

這不是幻想或誇張詞句，這是歷史的必然性。

臺灣海峽，隔阻了大陸與臺灣的往來。四十多年，我們可以生聚教訓，把這座美麗的寶島建設成樂園。

美麗的寶島，不是咱們的先輩說出的，而是葡萄牙的冒險家們。一八五三年，葡萄牙安篤賚德和一群水手，駕著海輪，正發愁糧食、淡水用盡，眼看要面臨生死關頭，驀然發現一個載浮載沉的海島，一片蒼翠，好似一幅美麗的圖畫。於是，安篤賚德高呼起來：「I lna Formosa！」

「福爾摩沙」是美麗的島。四十九年前，八千多名從齊魯大地出來的流亡學生，從廣州黃埔港搭乘濟和號登陸艇到了澎湖，卻受到生離死別政治迫害白色恐怖的痛苦煎熬。我是隨山東煙台聯合中學來的，我親身目睹的這段血淚的史實，如果不將它寫出來，**我是死**不瞑目的。

法國左拉說過：「仗義執言是我義不容辭的事，……如果我不伸張正義，那無辜的陰魂每天夜裡都會來纏我。」我敢作證：一九四九年十二月十一日，在臺北馬場町以匪諜名義被槍決的張敏之、鄒鑑，他倆是最優秀的國民黨員，然而他們卻慘死在自己同志的魔掌中，這是永遠讓我們難以服氣的事，只要這伸冤錯案假案一日不公開平反，我們一日不能心安……

抗日戰爭最艱苦的年代，許多山東青少年，從日軍盤據下的城市和鄉村，投奔政府的懷抱—皖北阜陽。四十年代初，張敏之先生在國立二十二中作教務主任。後來山東流亡學生愈來愈多，便在臨泉縣長官店成立山東臨時中學，張敏之先生任校長。我在一九四三年冬季進校，年十三歲。進校時，因為我的發音山東味比較淡，撤北平腔，穿著也比較乾淨漂亮。考試老師懷疑我是皖北少年。因為該校專門收容從淪陷區跑出來的青少年學生。

「你從山東濟南跟誰出來的？」老師問我。

「跟我母親。」我說。

「你學過日語麼？」另一位老師問。

我點頭。

對方楞住了。半晌，他和藹地說：「你背誦一課日語給我們聽，行唄？」我把在濟南中學讀過的〈螞蟻與蟋蟀〉，背誦一小段，老師聽了非常滿意，馬上錄取。否則，我的筆試及格化為泡影，叫我回家，我怎有顏面去見江東父老？當時，我真是快活萬分，恨不得躲在一個僻靜角落，大哭一場。

張敏之校長不愛講話。他講話簡單扼要，決不拖泥帶水。最使我唯忘的，他雖是中央政治學校（政大前身）畢業，資深的中國國民黨員，但他卻一派民主作風，除了高二有一位女同學去了延安，絕大多數同學堅持讀書，有些響應了「十萬青年十萬軍」的號召，參加了軍隊。後來，這些純潔的山東青年先後到了臺灣。我是三千多個學生之一。我願證明，這大多半是受了張公的影響。但是，這位偉大的教育家，到了臺灣，因為替我們力爭讀書問題，卻被扣上匪諜罪名，綁赴臺北馬場町執行槍決。這是人間的最大冤案。有生之年，我是難以忘懷的。

中國近代史上，國共鬥爭將是最重要的一頁歷史。回顧兩黨重要領導人物，具有寬容的胸襟、民主的作風，且有愛國愛民情操的政治家，並不太多，這是實事求是的論斷。否則，為民請命的張敏之，決不會冤死於自己同志之手。

作為山東人，我必須客觀地道出山東人的特點。齊魯文化本質上是「治者」的文化，它要求人們恪守宗法，而不許標新立異和冒險求變。因此，循規蹈矩，老實拘謹，是山東人性格的最大特點。海外華僑有閩南幫、寧波幫、廣東幫，卻是從來沒聽過「山東幫」，直白地說：山東人是不團結的。半世紀前，澎湖陸軍三十九師一小撮糊塗幹部，羅織罪名，誣陷張敏之造反，結合山東青年顛覆政府，最後「東南長官公署」長官陳誠為了保衛大臺灣，批准槍決「匪諜」張敏之、鄒鑑（四十三歲）、劉永祥（二十三歲）、張世能（十九歲）、譚茂基（二十歲）、明同樂（十九歲）、王光耀（十九歲）等七人。張敏之先生蒙難時，年僅四十三歲。他是煙台聯中校長，鄒鑑是分校校長。

早在二十年前，我曾計劃以山東流亡學生作背景，寫一部自傳體小說。那時，寫這種題材作品是冒險的事，既沒有地方發表，若是自費出版也有被捕的危險。我的苦命的妻噙著淚花說：「我嫁給你二十年，吃苦受罪，都沒什麼怨尤。可你寫這種東西作什麼？你想給兒女留下禍根，讓他們受到政治干擾麼？」聽了她的杞人憂天的話，思前想後，我不禁熱淚盈眶，默聲啜泣。

魯迅在《且介亭雜文・病後雜談之餘》指出：

自有歷史以來，中國人是一向被同族或異族屠戮，奴隸，敲掠，刑辱，壓迫下來的，非人類所能忍受的楚毒，也都身受過，每一考查，眞教人覺得不像活在人間。

魯迅的這段話，我少年時覺得索然無味，但經過了澎湖的白色恐怖，才體會到中國人的自相殘殺的狠毒手段，比外國人要高明得多。

前年夏天，我不幸患了顏面神經痲痺症，嘴歪目斜，面容恐怖醜陋。為了怕見鄰居和朋友，我像土撥鼠般地終日躲在狹小樓房書齋，看書、睡覺；「躲在小樓成一統，管它冬夏與春秋。」那時，我想起一九四九年六月二十五日在廣州黃埔碼頭登上濟和輪，於二十八日黃昏駛抵澎湖漁翁島牛心灣登陸。那是我平生初次看見大海、看見海島、看見手槍對準我的胸膛，問我參加「新民主主義青年團」的經過……

……平心而論，雖然我曾背上匪嫌份子的罪名、挨過扁擔，受過電刑，但是我內心並不怨恨他們。因為他們愛國愛民、毀家抒難，追隨政府來到臺灣，高舉青天白日旗幟，百折不撓，反共到底！我年僅十七歲，但我瞭解我是他們的同胞、同志，一根籐上長的瓜。我忍著眼淚，發出內心的憤怒吶喊：「大水沖了龍王廟，自己人不認得自己人，媽的！」

那年冬天，我患繡球風甫愈，瘦若乾雞。讓我最興奮的是親身參加了總統閱兵典禮。

驀地，「立正！」一聲口令，接著揚起軍樂聲音。于祥生翹首遠眺，一個身披醬黃色軍用大氅的人，站在吉普車上，左手扶欄，右手向受校官兵答禮。他覺得此人何等面熟，過去曾在黃曆上鈔票上禮堂牆壁上報紙上電影上見過，他不是蔣委員長蔣主席蔣總統麼？于祥生眼圈紅、心頭熱，嘴巴輕聲唸禱：「我們都擁護你，我們不是壞人，山東八千個流亡學生沒有一個壞人……被槍斃的張敏之、鄒鑑死得冤枉……」校閱車漸漸遠了，他耳畔響起老人的浙東鄉音，一忽兒高，一忽兒低，鄉音在風中發抖：「忠勇爲愛國之本，孝順爲齊家之本，仁愛爲接物之本，信義爲立業之本……」

我在那場惱人的病中，恍覺歲月匆匆催人老。初抵澎湖，弱冠之年，如今年近七旬，自知寫作時間已經不多了。若是再不把這段親身經歷的史料、見聞，以及遭受的身心創痛把它寫出來，確是死不瞑目的事。雨果說過：「所謂活著的人，就是不斷挑戰的人，就是不斷攀登命運險峯的人。」病愈之後，我拿起了筆，開始寫作長篇小說《天譴》。

這篇小說，我前後耗費將近一年時間完成。恕我在小說結尾，寫成如此悲慘的結局。這是我躊躇半月之久才下了最後的決定：

他（于祥生）揚起了雙臂，宛如一隻振翅欲飛的蒼鷹，縱身躍向大海……

這不是悲劇，這是向海峽兩岸業已寫進歷史的兩位巨人，作了無言的抗議。

孫陵和〈大風雪〉

抗日戰爭時，詩人、戲劇家田漢寫過一首打油詩：「爹有新詩不救貧，貴陽珠米桂為薪。殺人無力求人懶，自古傷心文化人。」文人的懶，頗具普遍性。我想：孫陵先生若是不懶，他在文學上一定擁有豐富的收穫成果。

許多文學朋友都知道，孫陵的長篇小說《大風雪》寫了將近二十年，尚未完成寫作的計劃。孫陵原想寫兩部，巴金勸他如此龐大的題材，應當寫三、四部才行。並且提出和他作競賽。這是抗日戰爭初期的事。誰知巴金寫出了《憩園》、《第四病室》、《寒夜》三部長篇小說，孫陵的第二部卻未動筆。巴金見他懶惰，不勤奮創作，便說要寫一部《懶人傳》來諷刺他。這是當年孫陵酒後講出的秘史，不幸被當年我這名文藝小青年聽見了。

我結識孫陵先生，時值一九五一年秋。我十九歲，他三十八歲。他住在臺北市和平西路一棟日式獨院小房內，辦了一本文學刊物〈火炬〉，我曾投稿，他退還我，懇摯地指出其中的缺點，勸我重寫。我費了半月時間，把那篇五千字的小說改完，從馬公郵寄給他。孰料他因經濟困難，無力將雜誌支撐下去，關門大吉。不久，我考取政治作戰學校第一期新聞學系（入學後轉影劇學系），到了北投復興崗。

有一個假日，我穿著草綠色軍裝，打著綁腿，提著一盒點心去拜望他。他瞪大眼睛說：「對不起，你那篇稿子在印刷廠丟了，怎麼辦？」我說：「山東人有句諺語，是兒不死，是財不散，我還年輕，我不相信以後寫不出比較好的小說來，這不是驕傲吧？」孫陵拍了我肩膀一下，熱情地說：「山東老鄉就是坦率可愛！」

孫陵是山東黃縣人，十二歲隨父母到了東北，在哈爾濱長大。因為他熱愛文藝，「九・一八」事變後，經蕭軍介紹，接替陳華主編〈大同報〉副刊。他最初以「梅陵」作筆名創作的短篇小說〈寶祥哥的勝利〉，發表在一九三六年〈文學〉雜誌六月號上。因為他的小說有抗日思想，受到日本特務的注意，後來孫陵轉載北平〈晨報〉的雜文，引起日人的恐慌，便設法誘捕孫陵。於是，孫陵俟機逃到大連，搭海輪經煙台、青島，最後到了上海。

孫陵一到上海，便和巴金連絡。這如同我初到臺北，便會見孫陵一樣。想從這位前輩作家談話中，學習走文學寫作的方向。

孫陵在上海期間，也曾想要繼續讀書，巴金對他說：「社會就是一所大學。」孫陵說：「請你多多指教吧！」巴金說：「我不配，只有一個人配指教青年，可惜他死了！」孫陵知道巴金所指這個人是魯迅。接著，巴金又勸孫陵說：「我奉告你幾句話：忠實地生活，熱烈地愛人，愛那需要愛的，恨那摧殘愛的。」此外，巴金還鼓勵孫陵多寫文章。（註一）

那時，孫陵寫了不少文學作品，反映「九・一八」後東北同胞的苦難生活，以及長山白水的秀麗風光。後來，孫陵和楊朔、孟十還、蕭乾等人創辦北雁出版社，位於環龍路一百零六弄五號。剛印了郭沫若《北伐》等四本書，戰爭爆發，出版社關門。熱血沸騰、年甫二十三歲的孫陵發起了「投筆從軍」運動。

孫陵在《我所熟悉的三十年代作家》（臺北成文公司）中說：「我這時唯一願望是把生命獻給戰場。我知道我沒有戰鬥技能，但是搬搬子彈，燒燒飯，只要能和作戰的軍隊生在一道、死在一道，便都會減輕心裡的苦悶。」孫陵為了達成北上抗日的願望，先從上海搭船去青島，轉往濟南，韓復渠未能收留他們，於是轉赴西安。到了西安，找到十八集團辦事處。不久，孫陵去了一趟延安。

覺得我是走入另一個時代，另一個社會，另一個環境了。馬路是泥土的，然而泥土上面並不堆積著灰塵，在不整齊的各種建築物的中間，保持住了每條清潔的大街和小巷。在這些街道上走著的，十分之九是軍隊、學生和機關的職員們。他們和她們都穿著同樣的裝束，他們和她們沒有長官和士兵、老爺和小姐的分別。他們和她們穿的是同樣簡單的、樸質的軍裝。這裡絕對沒有燙髮，沒有高跟鞋，沒有花邊旗袍，沒有長統馬靴。有的是一種新的信念、新的精神，充分而且堅強地，從他們和她們那矯健的面孔，和步伐中間表現了出來。（註二）

孫陵在延安參加了一九三七年的雙十節，聽了毛澤東的講演；他曾跟中共中央宣傳部朱光會面，聽對方解說「抗日的十大救國綱領」；孫陵會見了組織部部長李富春和「抗日軍政大學」教育長羅瑞卿、還有文藝家周揚。當時，孫陵見了正在籌辦「陝北公學」的原「創造社」成員成仿吾，提出想留在該校的願望，但是卻被對方婉拒了。

孫陵爲什麼沒有在延安留下來呢？主要是成仿吾的規勸。當時成仿吾在一間破廟裡辦陝北公學，他對孫陵說：「你看，延安來了兩萬大學生，卻一本書也沒有。我有個學校，那兒還像學校？你能不能回上海去？給我們捐一些書，捐一點錢，這比當兵有貢獻！」成仿吾還托孫陵回上海，向郭沫若要一件毛衣、一床棉被禦寒。孫陵一口應承，在延安只停留了短暫十多天的時間，便坐車離開了。（註三）

那時，孫陵年輕力壯，做事敏捷，他到上海辦妥棉被、毛衣褲和價值兩萬元的書籍，運到漢口。孫陵正想再赴延安，這時楊朔對他說：「上次你去了延安，這次，該我去了。」於是，孫陵就讓楊朔帶著錢、書、毛衣和棉被去了延安，自己卻留了下來。這段秘史，過去四十多年來一直石沈大海，不敢公諸於世。其實，這是國共第二次合作的客觀事實，這又有何保密可言？

一九三八年四月，軍事委員會政治部成立，郭沫若任第三廳廳長，該廳秘書主任陽翰笙把孫陵安排進入第七處任上尉科員（科長杜國庠）。孰料孫陵到職以後，郭沫若就叫孫陵作機要秘書，並把私章、鎖匙都交給他，甚至會見客人、公私信件也都交孫陵處理。孫陵是一個富感情的文人，他那時真有鞠躬盡瘁、死而後已的感情。他對郭沫若的知遇之恩，是勿庸置疑的。

孫陵有濃重的文人氣質與性格。但是，他既無行政能力，也無交際手腕，再加上他的懶散習慣，遇到不如意的事，便發起脾氣。所以他辦刊物、做行政工作，常有虎頭蛇尾之感。

抗戰末期，孫陵在廣西興安創辦「中華文學院」，吸收了不少湖南、江西、廣東和廣西文藝青年。蔣委員長、柳亞子、李濟琛、田漢等人都曾巡視過這所研究文學的學校。可惜一九四四年湘桂撤退，孫陵攜眷逃到重慶，透過巴金的介紹，在一所中學當了八個月國文教師，日本便宣布投降了。

抗戰勝利，孫陵返回上海，主編《文藝工作》雜誌。一九四八年十二月，孫陵到臺北主編民族報副刊，同時也寫作散文、隨筆，和他尚未完成的《大風雪》第二部。孫陵在國共第二次合作期間，曾和左翼人士有交往，到了臺灣便受到少數文化領導人的岐視。他做事大而化之，從不會琢磨思索，因此更受到莫名的排擠與打壓。我認為這是親者痛、仇者快的事情。

孫陵在臺北寫了一首著名的愛國歌曲〈保衛大臺灣〉，風靡一時。五十年代初，臺灣的部隊、學校、機關、工廠都唱，走到任何城鎮鄉村，到處可以聽見那嘹亮的歌聲。

孫陵初到臺灣，曾在新竹市郊蓋了三間木屋，屋外空地數十坪，窗明几淨，村居養靜，可是他的心緒很壞，常在小木屋流淚。他當時計劃在臺灣創立文藝團體，寫信給國民黨中央宣傳部代部長任卓宣，不久，兩人在臺北會面，任老當即接納了這項建議，並請求孫陵寫一首〈保衛大臺灣〉歌曲，盼望三天內繳卷。

孫陵文學修養不錯，為了完成任務，他沒回新竹，投宿於新公園附近三葉莊旅社，閉戶寫作，當夜就脫稿，次日送到了中宣部。

〈保衛大臺灣〉歌詞首先由「中央社」發表，經過配曲，獲得意想不到的成功。透過這一首歌曲，振奮了民心士氣，激勵了海外對臺灣的向心力。歌詞淺顯易懂，歌詞最後是「我們已經無處後退，只有勇敢向前……」是啊，臺灣的背後則是浩瀚無垠的太平洋。既然無處後退，只有握緊拳頭，跟那些妄想把咱們趕下海餵魚蝦的敵人，鬥爭到底。這是一句樸素的實事求是的歌詞啊！

可是，那些專門雞蛋挑骨頭的保守派，卻一口咬定這首歌曲有政治問題。他們提出的理由是〈保衛大臺灣〉意喻諷刺，散播失敗主義論調，「我們已經無處後退，才勇敢向前：若是還有一塊可以後退之地，那我們還會繼續後退的。」妙哉！這是什麼邏輯？

孫陵所作〈保衛大臺灣〉歌曲禁唱以後，我極為不滿。在一場會議中，我懷著激昂的心情，提出政治干預文藝的錯誤，我具體地指出，蔣總統在一篇訓詞中說過：「退此一步，即無死所」，孫陵大抵是根據這句話寫出「我們已經無處後退，只有勇敢向前」的。我的發言，引起風波。

「病從口入，禍從口出。」我小時候嘴饞，愛吃零食，肚裡長蟯蟲蛔蟲，時常鬧肚子疼，渾身皆病；長大後愛講話，打抱不平，時常「好事變成壞事」，許多長官批評我「驕傲自滿，生活散漫」，這是跳進黃河也洗不清的誤會。

首先我在國民黨員小組會議上受到嚴厲批評。有人竟指責我「藐視總裁」、「曲解總裁訓詞」。雖然我一直沈默無語，作俯首認罪狀，其實我內心很不服氣，暗自作了最壞的打算；若是萬一被開除黨籍、學籍，我就跑商船當水手去。最後對我的處分作出決定：「行為浪漫，不守紀律，記過二次。」

這個紀錄，讓我分發工作以後，女性都有些怕我，大抵誤會我是色狼。

孫陵是大陸撤退來臺的第一代作家。他講話過份直率，時常得罪了人自己茫然不曉。才氣縱橫，難免有些孤芳自賞。他在爾虞我詐、你爭我奪的臺北文藝圈裡，最後敗下陣來。帶著一捲行囊、書稿和酒壺，躲到高雄縣林園高中去教「歸去來兮」。林園是一座寧靜的山村，到處是濃鬱的樹叢，孫陵過著與世無爭、與人無嫌的隱士生活。有一次我從左營跑去看望他，他正飲酒。

「張放，我覺得我的心被分割成兩半，一半是懷念大陸的錦繡河山、患難朋友……楊朔、胡風……」

「胡風最近被批成反革命了，您知道麼？」我插嘴問他。

「前些日子，我在報紙上看過這則新聞。」孫陵抬頭凝望窗外陽光普照的校園，「中國的作家，是悲哀的。」他深長地嘆了一口氣。

那時，我正研究易卜生的戲劇作品，時常從卜克曼的身世和命運的劇情，聯想起住在林園鄉間的孫陵。卜克曼年輕時曾風光一時，有理想、有抱負，但等他的事業失敗之後，卻像一隻土撥鼠隱藏於陰濕黑暗的地層下，整日埋首在酒與嘆息聲中。易卜生創造的悲劇人物卜克曼，豈不正是孫陵的寫照麼？

孫陵苦悶潦倒的生活，傳到臺北。中國文化學院創辦人張其昀馬上聘請他到校教書，於是他回了臺北，生活與健康有了顯著的改變。他的《浮世小品》、《文壇交遊錄》先後出版。長篇小說《大風雪》也解禁，這是孫陵引為興奮的事。

由於孫陵酒癮不小。藉酒澆愁，牢騷更多。喝酒殘害身體，而且也疏遠了朋友人群。在工商業日趨繁榮的臺北，文藝走向商品化，誰會關懷一位三十年代崛起的東北作家？於是，孫陵的牢騷，愈來愈多，而且發的愈來愈離譜了。

有一次，我跑到木柵一間陰暗潮濕的小屋，看望孫陵先生。他握著酒杯，眼睛充滿了紅色的血絲，瞪著明亮而失神的眼球說：「我後悔來臺灣，想不到一把骨頭撂在這裡。你想，虎落平陽被犬欺，媽的！這個滋味不好受啊！」

我陪他流淚，嘆息，卻說不出話來。我想批評他幾句話。但是，我不敢惹他生氣。話到嘴邊，卻又咽進肚裡。

一九八一年春節前夕，我以「國家文藝基金委員會」副總幹事身分，簽准了一批作家慰問金，逐户前往送達。孫陵那時住在石碇荒僻的山村，同去的有詩人上官予、舒蘭。孫老拉著我們的手，孩子般地啜泣起來。他非常瘦弱，而且蒼老。我偷偷詢問孫夫人：「孫老有病麼？」孫夫人說：「他患了肝癌，恐怕治不好了。」

一九八三年六月一日，我聽到孫陵住進仁愛醫院，病勢垂危。我簽准了三萬元慰問金，趕到醫院看望他。那時，他已眼神恍惚，似乎已不認得我了。

過了四天，即六月五日，孫陵病逝。

我常想：若是孫陵留在大陸，他是否過得比臺灣幸福些？這個問題我曾暗地思索了好多年，最後我得出一個結論：「差不多吧？」

我只有掩面流淚了……

【附　註】

註一　丘立才〈抗日時期的孫陵〉，刊於一九八七年第一期〈中國現代文學研究〉叢刊。

註二　孫陵〈十月十日在延安〉，刊於一九三八年（七月）第一集第二期。

註三　同註一。

姜貴與〈旋風〉

六十年代末，我在臺北兼任〈文藝月刊〉編輯，曾和姜貴先生有一段交往。他住在沅陵街一家小旅館，房間約二坪，僅有一床、一桌，並無衛生間設備。每日租金五十元。他在凌晨三時起床，開始寫小說，直到早晨八時，才換上衣服出去吃燒餅油條豆漿，然後回旅館睡覺。下午二時，姜貴起床，漱洗過後，才出門吃飯。

為了和姜貴約會，我總是在下午二時和他在博愛路一帶小飯館碰面，有時吃水餃、麵條，有時炒兩樣菜吃飯。飯後，我倆再去咖啡館談論有關寫稿的事情。

姜貴原名王林渡，一九〇八年生。他在抗戰時期寫過一篇題為〈突圍〉的小說，寫成後寄給了茅盾，茅盾轉給了巴人，巴人寫「後記」推薦出版。巴人在「後記」中說：「作者雖非名家，且很少作品發表，此篇想公餘之暇，隨手寫成，所用稿紙，係貨車間記噸位表格，足見無意為文，然而其文之佳亦在無意中。」從巴人的這段文字證明，姜貴和沈從文相似，他有了豐富的生活體驗，然後再去寫作，「無意為文」是從生活湧出來的，這是小說家難能可貴的潛在力量。

姜貴曾經告訴我，他從北平鐵道學院畢業後，分發到徐州鐵路局工作。那是抗戰前的事。那時他常打麻將、逛窰子，閒來無事才寫出長篇小說〈突圍〉。他在一篇文章中說：「〈突圍〉進行中，不免有人來湊搭子，或參加喝酒，更不堪的是妓女過訪，砸門……我始終不說什麼。如果我老實告訴他們，我在寫小說，那將是一個大笑話，要把他們笑死。」

姜貴比我大二十四歲。那時，他年近六旬，在我的心目中，姜貴真是一位嚐遍海鹹河淡的江湖客。他從舊社會走出來，對於舊官僚政客的嘴臉，瞭若指掌，對於中下層社會的語言、結構和生活習慣。如數家珍般地講出來。據一位作家朋友告訴我：姜貴隻身從臺南來臺北討生活，潦倒萬分。他在三餐不繼時，曾向公園內的擺卦攤的算命先生借過錢，而且人家竟然借他。試想，算命先生是何等精明狡黠的人！姜貴是作家，他能和這些跑江湖的成為莫逆之交，沒有幾分本領行嗎？說來慚愧，即使到了滿鬢白髮的今天，我也拉不下臉皮去跟別人借錢，這決非我的長處，而是我的虛榮心太重。

姜貴是國民黨老黨員，他罵國民黨口無遮攔，激昂慷慨，而且聲音高亢，時常語驚四座。六十年代，蔣公健在，在公共場所批評國事是非常忌諱的事，何況我身為現職軍官，和這種牢騷滿腹的朋友在一起，確有惹火燒身的危險。不過，我總是耐心聽他的牢騷話，並且用適當的話來安慰他。

我主持那冊大型文學刊物〈文藝〉編務半載，卻發表了姜貴兩個中篇小說，大多是預支稿費，為了解決他生活困難，我還替他向總政戰部申請了一筆作家生活慰問金。不過，姜貴先生仍然發牢騷，彷彿任何人都對不起他，他是摩西救世主，永遠應受到芸芸眾生的膜拜。

客觀地說，姜貴代表一部份四九年大陸撤退來臺的官僚政客的病態心理。心腸冷漠，怨恨過深，對於在台上的妒忌，但對那些在淒風冷雨中顫抖的人，卻又視若無睹，而且怕人家向他伸手要錢。我曾想把他和他的典型性格，塑造人物寫進小說中。姜貴是傑出的小說家，他自己就是一位典型小說人物。

有一次，姜貴氣吁吁地拿著剛出版的〈文藝〉月刊來找我，指著他的作品中的標點符號，突然出現了兩個驚嘆號。

「這是誰給我改的？啊！」

當時，〈文藝〉的校對是包出去的，由某報校訂室一位資深校對擔任。我心中明白，那位校對朋友把小說中的「。改為！」為的是加重語氣。

「張放兄，我寫稿子有一個習慣，從來不用驚嘆號。」

我向他道歉。看過他幾十萬字的小說原稿，我當然熟悉他的筆法和文風。作為一個刊物的主編，我是難以推卸責任的。從此，我獲得一個教訓：凡是資深作家的作品，除非他的筆誤之外，我決不擅自更動一個字，甚至一個標點符號。

姜貴來臺，原在臺南一個民營機關工作。家庭生活清苦，這大抵在他心理上埋下怨尤。五十年代後期，他埋頭寫了一部長篇小說，題為《今檮杌傳》。它以山東膠州灣方鎮作背景，描寫方氏家族的興衰。主角人物方祥千，秘密參加共產黨，在家鄉進行活動。後遇到國民黨清黨，方隱伏下。等到抗日戰爭爆發，方祥千率同志東山再起，在當地組織了地方政府，和日人勾結，趕走了國民黨。後來方家開始覺醒，走反共的路。不料被方祥千的兒子方天苡告密，結果被共產黨一網打盡，逮捕入獄。這部小說表達了共產黨不過是「旋風，旋風，他們不過是一陣旋風」而已。姜貴這部長達四十萬字的小說，寄了許多報刊雜誌，都退了回來。姜貴一氣之下，寄給了剛回臺灣接任中央研究院院長的胡適。胡適寫了一篇短文，介紹此稿，聲名大噪。後於一九五九年由明華書局出版。書名改為《旋風》。

姜貴另一部反共小說《重陽》，描寫寧漢分裂時期，武漢地區共產黨員柳少樵和洪桐葉的故事。六十年代起，他寫了長篇小說《碧海青天夜夜心》、《湖南揚塵錄》、《喜宴》、《烈婦峰》等。

姜貴有些作品商品化特濃，完全為了賺稿費而寫，這是他文學創作史上的一大敗筆。儘管他有理由，家境生活困難，老妻又害病，但這並不是讓讀者口服心服的理由。姜貴的長篇小說《烈婦峰》，胡編了一個古怪離奇的戀情故事。作者塑造了一個民國初年的女豪傑京默玲，為了理想，她和丈夫黃漢升參加辛亥革命起義，她的兒子後來繼承父母志向，也參加了北伐戰爭。在小說中，作者插入一個風塵痴女山茶戀屍的故事。黃漢升死後，山茶女竟終身不嫁，卻在烈婦峰下苦練飛刀，還信誓旦旦地說：「我就每天到烈婦峰，守在黃大爺的墳上。他活著的時候，我沒有資格和他作伴，現在是陰陽兩界上的人，我來陪陪您，該沒有人有話說。」

作為一個當代文壇上的知名小說家，寫出這種荒謬傳奇的小說，應該是值得檢討的事。直白地說，即使為了賺一筆稿費，也不應寫這種商品化的東西，因為太不划算了！臺灣作家在文藝商品化的衝擊下，若想出污泥而不染，並不是容易的事。一個作家步向晚年，思想見解、生活體驗皆達到顛峰狀態，它是作家畢生創作的黃金時期，如果不把握此一機會寫出優美真摯的文學作品。多麼可惜！

孔子讚美顏淵「一簞食，一瓢飲」，過著清苦的文人生活，卻其樂無窮。這種優美的學人風範，雖相隔了兩千年，但是顏淵的安貧樂道的形象，依然是我們學習的榜樣。列夫・托爾斯泰到了晚年，雖牙齒動搖、目光昏弱，夫妻感情不睦時常吵嘴，他仍然寫出偉大的長篇小說《復活》，這才是小說家的模範。

姜貴在臺灣，比起其他資深作家，幸運得多。他的幸運來自胡適，胡適為他的小說作評、推薦，使《旋風》獲得吳三連文學獎。同時，軍方系統的黎明文化公司，也為姜貴出版自選集，以及華視出版社的《喜宴》等書，這都是通過作家田源和我的奔走幫助。姜貴鄉長既不知道，也不領情，他總認為胡適先生說了話，政府應當牢記在心，對他尊重關照。而且他服務社會數十年，又是名作家，政府應該將他視作國家的瑰寶。姜貴是小說家，看穿了社會百態，但卻對政府存著浪漫主義的幻想和憧憬，這不是過份天真嗎？

其實姜貴生活比較浪漫，這是我後來才聽到的話。他只專心寫作，卻從來不關心家人。甚至他的老伴在重病期間，姜貴也沒有照顧她。因而招致兒女的不滿。他在臺北曾任中央電影公司特約編劇。拿薪水，不上班。我曾納悶他為何長期住旅館？一位作家朋友幽秘地說：「住旅館找女人方便啊。」姜貴先生過世後，他有一個作機車修理工人的公子，跑來臺北拿版稅，曾抱怨他父親生前不顧家庭，只顧自己，讓人聽了心酸不已。

姜貴約在一九七五年去了臺中，那時他年老多病，但仍寫作不輟。為了村居養靜，為了避開外界干擾，他搬進一座清幽僻靜的寺廟去住，直到一九八〇年七月病逝。姜貴真是一位看破紅塵的傑出小說家。如果姜貴健在的話，今年他該過九十大壽了。

行伍作家姜穆

五十年代末，臺灣軍中崛起一些優秀的作家。他們在戰火紛飛的年代，親身經歷生離死別的悲劇，餐風飲露的苦難生活，走過萬水千山，最後來到了這座風光秀麗的寶島。於是，他們拾起了筆，把生活體驗與滿腹感情發抒出來，寫成文學作品。他們的作品也許粗糙，但它卻樸素無華，像山野荒丘開放的野百合花。我偏愛它的自然風味。它比養在玻璃窗內溫室中的花草質樸、可愛而美麗！因此，我讀軍中作家寫的小說，和讀沈從文一樣覺得芬香有味。

作家姜穆是貴州錦屏人，苗族。一九四五年秋讀初二時，因和同學玩紙牌，忘了上課時間，被同學檢舉而開除。於是，姜穆在一氣之下投筆從戎，走出了一窮二白的故鄉，這位具有文學氣質的小青年，卻作了扛槍桿子的反共戰士，這正如瞿秋白名言，真乃「歷史的誤會」。

一九四九年，共軍渡過長江天塹是在四月二十三日。他們渡江前一天，姜穆還在南京對岸江寧縣橋林鎮放排哨。接到倉促撤退的命令，姜穆隨軍經南京、句容，到了安徽廣德被俘。姜穆脫去軍服，化裝農民逃走。他逃到了盛產橘子的江西樟樹才追上了國軍。於是，他直下贛南，被編入七十軍（軍長唐化南）。六月底，與共軍發生遭遇戰，邊打邊退。十八軍作為他們撤退的掩護力量。七十軍經雩都、信豐、揭陽、梅縣、汕頭，然後乘船到了廣東虎門，轉戰石龍、東莞等地。十月十三日撤出廣州，參與炸燬海珠橋。復經三水、四水，到了廣西鬱林。十二月到了博白，進攻共軍十一軍駐守的廉江，姜穆那時從博白撤退到湛江，日行一百八十華里，回憶往事，感慨萬端，他真不知道當年是怎樣跑的。年底，姜穆隨軍從湛江對面的東海島，搭乘登陸艇來台。海途中，吃海水煮的米飯，因淡水用盡，有的戰士渴得要命，跳海自殺，這屬於反共戰爭中的秘史。

姜穆寫作勤奮，有口皆碑。有一件事，外人大抵茫漠不曉。六十年代初，他住在台北基隆路一座眷村內。三伏六月的夜晚，磚瓦小房酷熱至極，他的夫人吳菊代陪著兒女熟睡，姜穆卻在小庭院葡萄架下掛起蚊帳，吊上一支六十瓦燈炮。他躲在帳內喝釅茶、吸新樂園香菸，啃麵包，寫作到天明。他的中篇小說《紅娃》、《決堤》，以及獲取國軍文藝金像獎的《奴隸們的怒吼》，就是利用週末假日挑燈夜戰完成的。每逢談起這件往事，姜穆總是拊掌大笑，我卻自愧弗如，這是實話。

姜穆的韌性與恆心，是一般文友望塵莫及的。為了寫小說，他曾去台大法律學系旁聽。他原來不會編副刊，親身去印刷版看小樣、大樣，並注意各報副刊的風格，取長補短，最後姜穆成為一名優秀的報紙、雜誌和出版機構的編輯。最讓我佩服的，姜穆擔任「華欣文化中心」發行主任時，曾跑遍臺灣各城市鄉鎮，考察發行業務，他因而認識了不少江湖道上的朋友，這也成為他創作小說的鮮活的材料。

記得一九六六年秋，正值大陸上掀起史無前例的文化大革命，總政戰部徵召十位軍中作家，成立編劇小組，首先在臺北中華路「國軍文藝中心」講習三個月，繼而巡迴臺灣、澎湖等地訪問，進行採擷編劇題材。這個編劇小組成員是丁衣、徐天榮、胡秀、張永祥、吳東權、姜穆、張放、黃家燕、李冷、夏祖輝。姜穆在這段期間，寫出了《新血輪》、《一網打盡》、《浮沉之間》等電影腳本，並且寫了《龍家寨》、《父親大人》、《少女的祈禱》電視腳本，在中華電視公司播映。

姜穆藏書近二萬冊，皆與文學歷史有關。四十多年來，他寫作從未中斷過，一直保持每月三至六萬字之間的產量。它寫作類別廣泛，初期寫詩（著有《拾夢》詩集），後寫散文、雜文、小說、戲劇、文學評論、政治評論。同時，他對中國三十年代作家及作品，有深刻而獨特的研究與見解。據我所知，姜穆使用過的筆名有數十個，最常用的是金蕾、牧野、微藍、甲兵、杜陵、穆無天、龍克蘭、太史公、杜陵霜、卓元相、馬克騰、阮詩莉等。

姜穆曾搜集了不少有關越南戰爭的新聞資料，從美軍介入越戰到越南覆亡，他以這個題材寫出了一部長達七十萬字的長篇小說。在軍中發行，影響至廣。另外，姜穆以北宋熙寧新政改革作背景，寫出了長篇傳記文學《王安石大傳》，這將是臺灣文學史上的重要作品。

姜穆是在一九七一年退伍，官階政戰少校。他退伍後作過黎明文化公司副總編輯，源成文化圖書供應社總編輯，因為他和聯合報系有歷史的淵源，後來進了「民生報」擔任編輯。

有一件外界皆知的趣事；姜穆進入「民生報」，人事部們向他索取學歷證明書，作為核薪的依據。姜穆直截了當地說：「我只讀到初中二年級，便被開除了。我哪兒有學歷證書呢？」人事部門告訴他：「軍隊學校證書也行。」姜穆說：「我是行伍出身，沒進過軍事學校。我只有退伍令。行麼？」對方莞爾一笑：「不行。」這件棘手的難題，讓管人事的大傷腦筋。既然繳不出學歷證書，只得核「工友」工資。後來，王必成董事長得悉此事，看過姜穆的著作，特准比照大學學歷任用。

由於長期從事腦力勞動，有時姜穆還抽空摸八圈麻將，或是賭一場梭哈，吸菸多，運動少，一九九二年元月三日，他因心肌梗塞症進了台北榮民總醫院。兩度電擊，死裡逃生，他康復出院，返回書房，繼續埋首寫作。

姜穆是愛國主義者，他熱情、敏感、嫉惡如仇。為了不滿現實政治，姜穆於一九九三年九月起，在「世界論壇報」開闢「有此一說」專欄，以杜陵筆名，每日發表六百字的政論文章，罵盡官僚政客，痛批牛鬼蛇神。他寫了一年半，卻因心臟病復發而住院，才中止下來。

姜穆的寫作成就，他的妻子吳菊代給予他的幫助和溫暖，實在是太大了。菊代是台北縣板橋人，質樸、美麗而善良。他是虔誠佛教徒，對於佛經有深邃的研究。他和姜穆結婚四十年，恩愛逾恆，幾乎沒有紅過臉。有一次，姜穆埋怨她，不應該把他辛苦獲得一筆獎金，捐給了佛教團體。菊代發出溫和的笑聲，姜穆也只有付之一笑。

列夫·托爾斯泰感慨地說過：「如果許多俄羅斯作家的妻子能像陀思妥耶夫斯基夫人那樣的話，他們會更好些的。」是的，吳菊代就是陀思妥耶夫斯基的夫人安娜。她二十歲嫁給窮苦的陸軍中尉姜穆，住在陝隘陰暗的眷區小房內，忍受著煤煙與姜穆的二手菸，省吃儉用把怡平、怡凡、怡偉、怡紅四個兒女撫養長大。如今，吳菊代最大的幸福則是領著活潑可愛的孫兒，逛街、買冰淇淋。

姜穆因病住院期間，我不斷地打電話詢問病況。一日，菊代嫂笑著說：「他前天出院了。嘻嘻，下午就出去打麻將了……在畫家李錫奇家。」她在電話中笑，我也忍不住笑起來。

魏端與〈西子灣・副刊〉

魏端先生患類風濕性關節炎多年，雙腳難以走動，他度過數年寂寞痛苦的生活。我曾計畫南下看望他。但是，從一九九四年自菲返台，家裡雜事纏身，先是蘭梓住醫院，接著是我連續患病；但等漫長的黑夜過去，我打算天亮時赴南部看望他，卻聽到魏端先生病逝的消息，握著電話筒，我的眼淚不禁奪眶而出了……

我結識魏端約在一九六一年春。那時他主編〈西子灣副刊〉，我常為它投稿。我寫的雜文淡而無味，像滲了涼水的米酒，讓人嘔吐；我寫的小說也是膚淺幼稚，了無新意，但是魏端先生卻以提攜後進的耐心修養，給我修正發表了一些作品。過去想到這件事，只湧起感激之心，可是到了今天，我卻想抱頭大哭！

魏端主編〈西子灣副刊〉，認真負責，他既不捧文藝明星，也不被學院派作家唬住，他抱著「認稿不認人」的態度，兢兢業業經營〈西子灣副刊〉。他前後主編這個文藝副刊二十年，團結了不少青年作家，他卻像一名農夫或園丁，當文藝呈現萬紫千紅的繁榮景象時，他默默地坐在自己的書房，躲在成功的圈外，搗嘴偷笑……

……

這位出身上海著名的復旦大學新聞學系的報人，他的大半輩子都在〈臺灣新聞報〉服務。他的雜文幽默、雋永，作到「短小精幹，邏輯嚴謹」，我對他的雜文非常喜愛，也許由於他的工作繁忙，所以創作量不算多。不過，〈臺灣新聞報〉的老讀者們提起端木野這個筆名，應該是熟悉的。端木野就是魏端的筆名之一。

高雄市是我的「第二故鄉」。我活了將近七十年，在任何城市或鄉村，包括我的故鄉在內，皆是蜻蜓點水住上三五年；而我卻在高雄市住了二十三年。過去每次去魏端家作客，吃到魏大嫂做的北方菜，也聽到魏老用湖北方言講的笑話。魏端夫婦感情極好，讓人羨慕。一九八二年秋，我在台北文建會服務，有一次隨作家訪問團赴韓國、日本，我們齊聚桃園機場，卻見魏大嫂僕僕風塵趕來送行。

「大嫂，您放心，我們三十多人，互相照顧。您別掛著他。」我悄悄對她說。

「是啊……他身體並不算太好。日本氣候涼爽，聽說你們還去北海道，真的嗎？」

在作家訪問團內，魏夫人大抵只認識我，所以才問我這些話。她關懷丈夫、愛護丈夫，她的話使我感動，也讓我暗自發笑。在訪問途上，他精力比我旺盛，飯量雖不大，但開會、逛街卻精神昂揚，毫無倦容。記得在東京，我陪他去逛文具行、百貨公司，因為有些店員不懂英語，我只得用洋涇濱日語來應付。

「你的日語不錯嘛，我怎麼不知道呢！」他驚訝地問。

抗日戰爭時，我在淪陷區讀過四年日文，並不是光榮的歷史，我怎好意思炫耀此事？魏端先生畢竟是新聞記者出身，他對日本的政情文化、公共交通、人民精神面貌，明察秋毫，而且還作札記。日本是我國的鄰近國家，在文化上有密切的交流，宛如十九世紀法、俄兩國的關係一樣。三十年代後期，日本軍閥發動侵華戰爭，殺害了我千萬同胞，造成我們難以磨滅與忘記的仇恨。那是日本軍閥和少數政客的罪過，日本人民是無辜的。因此，冷靜地思索一番，戰後蔣公「以德報怨」的觀點是正確的、寬容的，也是含有反對戰爭、維護和平的政治見解。

那晚，適逢「九·一八」紀念日。我和魏端先生漫步銀座街頭，燈火輝煌，讓人眼花撩亂。此處的土地，大抵世界第一，當時每坪高達一千萬日元以上。「銀座的一寸土、一寸金。銀座酒吧，酒一斤、金一斤。」三十年代風靡一時的西峰八十所作〈東京進行曲〉，有這樣的歌詞：

昔日戀情銀座柳，
祇今遲暮感徐娘。
高歌狂飲終宵舞，
夢醒襟前淚幾行。

我們看到銀座附近的五座矗立的百貨公司、松屋、松坂屋、三越、阪急、大丸，往來人潮大抵都抱著今朝有酒今朝醉，還管什麼明天死活？這就是資本主義社會的心態。

「咱們回去吧。」魏端皺著眉頭，朝我苦笑：「我覺得看了漢城、釜山、大阪、京都和東京，哪一座城市都比不上高雄市好……鹽埕區、前金區，甚至你住過的左營區，風景都很美，壽山、愛河、春秋閣……」他彷彿是一個離鄉背井的遊子，如今湧起了濃重的鄉愁。他的表情和話語，一直深鐫在我的腦海裡；直到十六年後的今晚，才栩栩如生浮現在我淚水模糊的眼前……魏端先生，你愛高雄，你如今終於長眠於那座南台灣美麗的城市了……

過去，和許多曾為〈西子灣副刊〉投稿的作家朋友，講起魏端，大家都異口同聲贊揚他是一位有學問的好人。他是文學副刊主編，卻能和作者肝膽相照，成為莫逆知己，這是說起來容易做起來困難的事。他的胸襟開闊，目光如炬，他從不把作者視為推銷員。像有些文學刊物主編，帶著奴隸主姿態，彷彿自己是文化主宰，高人一等。魏端把廣大作者視為同志、朋友，雖然他退了不少朋友的稿件，包括我在內，但是我們依然尊敬他。魏端為〈西子灣副刊〉留下美好的風範，這決非恭維之詞；這是我噙著淚花說出心底真正的話……

許地山的文學青春

許地山是五四新文化運動時期的重要作家，曾以落華生筆名發表散文和小說，具有獨特的風格。他在一篇散文〈落花生〉中所揭櫫的思想精神，「人要做有用的人，不要做偉大、體面的人。」影響了千萬知識青年。

這位對宗教研究享譽中外的學者、作家，一八九三年二月十四日出生臺灣臺南。他的父親許南英，進士出身，當時任臺灣籌防局團練局統領，隨劉永福扼守臺南。甲午戰敗後，清廷割讓臺灣，那時許地山尚不滿三歲，在日軍追趕的砲火聲裡，隨父母出安平，乘竹筏轉搭輪船渡海到了汕頭，從此移居大陸。

許地山才華橫溢，他會說閩南話、廣州話和北京話，懂得英文、德文和梵文。他在燕京大學讀書，每日穿著下緣毛邊的灰布大掛，頭髮很少，留山羊鬍子。吃窩窩頭不吃菜而蘸糖，因為行動有些怪異，同學給他取了綽號叫「許真人」。在五四運動時，許地山親身參加了遊行示威的行列，並且發起組織文學研究會。他也寫了不少風格獨特而富於哲理的散文，和具有社會意識的小說。

許地山那篇著名的散文〈落花生〉，表達了他樸素的平民主義和人道主義思想。

他說花生比不上蘋果、桃子、石榴漂亮、好看。花生埋在地底，人們「偶然看見一棵花生瑟縮地長在地上，不能立刻辨出它有沒有果實，非得等到你接觸它才能知道。」作者在這篇散文中向廣大青年宣傳，要像花生，因為它是有用的，不是偉大、好看的東西。

在散文〈生〉中，許地山這樣寫著：

我底生活好像我手裡這管笛子。它在竹林裡長著的時候，許多好鳥歌唱給它聽；許多猛獸長嘯給它聽；甚至天中底風、石、雷、電都不時教給它發音底方法。

它長大了，一切教師所教的都納入它底記憶裡，然而它身中仍是空洞洞，沒有什麼。

做樂器者把它截下來，開幾個氣孔，擱在唇邊一吹，它從前學的都吐露出來了。

這是充滿哲理的話。它為「種瓜得瓜，種豆得豆」作了最佳詮釋。

許地山早年信仰佛教，研究佛法，他在《空山靈語·弁言》中開頭便說：「生本不樂，能夠使人覺得稍微安適的，只有躺在床上那幾小時，但要在那短促的時間中希冀極樂，也是不可能的事。」儘管他在五四運動時，追求民主、科學，但他的文學作品卻含有幻想涅槃歸真意識，這和他長期研究佛學有關。讀一首他創作的樵民的山歌，是多麼迷人啊！

鵲鵑，鵲鵑，來年莫再鳴！

鵲鵑一鳴草又生。

草木青青不過一百數十日，
到頭來，又是樵夫担上薪。

作者在一篇題為〈愚婦人〉的散文中，敘述一位樵夫在深山內走路。途中，發現一個健壯的老婦人坐在溪旁哭泣。問她有何悲哀的事？原來這個年已六旬的婦女，眼見樹林的花開花落，鄰家女人每隔二、三年便生出活潑可愛的嬰兒。而她偏是「石女」，今生今世已無抱嬰兒的希望，因失望才哭泣起來。

許地山在這篇散文結尾寫著：

「哈，哈，哈！」樵夫大笑了，他說：「這正是你底幸福哪！抱孩子的人，比你難過的多，你爲何不往下再向她們打聽一下呢？我告訴你，不曾懷過胎的婦人有福的。」

那位老婦人是難以接受這個樵夫的觀念的。只有生兒育女的人才悟出其中的苦痛。我聯想出法國巴爾札克在《高老頭》長篇小說中的一段話：「朋友，你不要結婚，更不要生兒育女；你給他們生命，他們卻給你死；你把他們引到這世界，他們卻把你推出這個世界！」巴爾札克為法國城市在十九世紀資本主義發展時期，對社會親情造成的衝擊與影響作了現實的反映；而許地山卻藉著樵夫的嘴巴，發表了「生本不樂」的佛家哲理。

許地山在二十年代，留學美國哥倫比亞大學和英國牛津大學，攻讀宗教史，還研究印度宗教、哲學及人類學。他回國後進燕京大學任教。

許地山的散文極短，常在三、五百字之間。他寫作非常認真，寫了改，改了再謄清後才寄出去。

我們應該了解許地山雖然懂得梵文、研究印度哲學，對佛道兩教具有深厚的學養，但他是用科學的態度去研究，反玄學、反迷信。凡讀過他的《扶乩迷信底研究》，都會驚訝他考證仔細、立論正確，他是為了證明扶乩是一種自覺或不自覺的騙術，才寫此書。我讀了許地山的短篇小說〈春桃〉，也曾驚嘆這位研究宗教學的人，卻能夠深入勞苦大眾之間，塑造出中國農村婦女苦難的命運，以及突破世俗禮教束縛的勇敢形象。這是作者文學上的不凡成就。

抗戰初期，有一家晚報副刊對明朝洪應明著《菜根譚》展開討論。這本書是融合了儒釋道三教思想，教人如何處世的方法。許地山也參加了筆陣，他稱讚《菜根譚》的文章有風韻，但對書中的格言，如「世界如棋局，不著的才是高手」，「書讀五車，才分八斗，未聞一日清閒」等語，持批判態度。他說「讀過了很易令人發起消極的反感。」許地山在一九四一年七月發表的〈國粹與國學〉一文，對於學院派的教授提出嚴厲的批判。他說：「我們認識古人底成就和遺留下來底優越事物，目的在溫故知新，絕不是要我們守殘復古。學術本無所謂新舊，只問其能否適應時代底需要。」許地山的這番話，即使到了將近步入二十一世紀的今天，仍是值得重視與警惕的。

著名史學家陳寅恪曾誠懇地說：「我年輕時略治佛道二家之學，後來讀了許地山先生所著佛道二教史論文，關於教義本體俱有精深的評述，心服之餘，彌用自愧，遂捐棄故技，不復談此事矣。」

這位降生在臺灣臺南延平郡王祠旁的作家、學者，曾遭受不少人的嫉妒、譏笑、與排擠。他的綽號有「許真人」、「莎士比亞」、和「許三怪」。他在燕京大學任教時，受到教務長司徒雷登的排擠，他既不肯向洋人低頭，也不屑於委曲講和，終於被解聘。只得南下香港，進香港大學任中文系教授，教課忙，寫作忙，研究學問忙，再加心情鬱悶致疾。他謝世前曾對至友林煥平說：「有些人希望我趕快死，偏巧我得了心臟病，要死還真容易呢！」

許地山於三十年代曾到過臺灣，逗留數日。據許地山夫人周俟松所編〈許地山年表〉記載：

> 一九三三年癸酉　民國二十二年　四十一歲
>
> 燕京大學實行教授間隔五年休假一年的制度。地山應中山大學邀，前往講學，俟松同往。途經臺灣，逗留多日，拜會庶母和親友，目睹在日寇鐵蹄下之臺灣親友的苦難，感慨殊深。所攜南英先生詩集《窺園留草》印本，幾被日寇抄沒，經交涉後始放行。在臺南瞻仰故居。離臺去廣州。

許地山於一九四一年八月四日病逝香港，終年四十九歲。他去世不久，日軍占領香港，許地山所著《道藏子目通檢》三萬頁稿卡散失，這真是文化學術上無可彌補的損失！

歷史沒有湮沒陳季同

若想把我國文化傳到外國，除了翻譯之外，便是用外文寫作。

在近代史上，有三位「中學西漸」的巨星，他們是陳季同、辜鴻銘和林語堂。如今辜、林二氏已是人所共知，但最早於歐洲傳播我國文化藝術的開拓者陳季同，卻一直沒沒無聞，這是非常不公平的一件文化大事。

這位曾任清廷駐歐洲外交官的陳季同，曾經到過臺灣。一八九五年，日本割據台澎，他曾悲憤地寫了一首〈吊台灣四律〉，傳誦一時。其中「傷心地竟和戎割，太息門因揖盜開」兩句詩，成為當時知識分子譴責李鴻章和清廷賣國投降的常用語。

陳季同是福建福州人，生於一八五一年。早年肄業於福州船政學堂。這所學堂為左宗棠奏准所辦。前堂習法文，學造船，後堂習英文，學駕駛。一八七三年，清廷擬派使節前往西方各國，選派陳季同等精通法、英文者先去歐洲考察，次年返國，著有《西行日記》四卷。一八七五年，清廷派李鳳苞率留歐學生出國，他隨同作翻譯。不久，李鳳苞改任駐德、法公使，他仍為翻譯。旋授副將加總兵銜。後升任駐德、法參贊，代理駐法公使兼比利時、奧地利、丹麥和荷蘭四國參贊。陳季同直到一八九二年回國。前後在歐洲生活達二十年。

陳季同對法國文學有深刻的研究，他寫了不少法文著作，如《中國人自畫像》、《中國戲劇》、《中國人的快樂》、《中國人筆下的巴黎》，皆為暢銷書。他曾翻譯了蒲松齡《聊齋誌異》的二十六篇小說，包括〈香玉〉、〈青梅〉、〈辛十四娘〉等介紹到歐洲，受到重視。陳季同在上列法文著作中，以深入淺出的筆觸，介紹了中國人民食衣住行、娛樂、教育以及風俗習慣。後來，在他的《中國人自畫像》英文譯本封底，有這樣的詞句：「這是第一部由中國人自己所寫的關於中國社會生活的書，書中內容生動有趣。人們公認，陳季同總兵的書，擺脫了那種人們通常難以避免的習慣性偏見。」

在十九世紀前，西方人對於中國具有傲慢與偏見的觀點，陳季同著文介紹中國文化，就是讓碧眼金髮的洋人，對於中國有比較正確的認識與瞭解。陳氏在他著作中曾說：「把中國描繪成一個野蠻的堡壘，正是一種時尚。」他的法文著作，具體地客觀地把中國婦女、婚姻、科舉制度、納妾問題作了說明與辯護，它決不像西方人士所說的那麼惡劣可怕。不過，陳季同卻不是一位狹隘的、固守傳統的文化人。他對於西方文化特別是文學也是非常推崇的。這是難能可貴的文化觀點。

陳季同說過：

我們在這個時代，不但科學，非奮力前進，不能競存，就是文學，也不可妄自尊大，自命為獨一無二的文學之邦；殊不知人家的進步，和別的學問一樣的一日千里，論到文學的統系來，就沒有拿我們算在數內，比日本都不如哩。……一是我們不太注意宣傳，文學的作品，譯出去的很少，譯的又未必是好的，好的或譯得不好，因此生出重重隔膜；二是我們文學注重的範圍，和他們不同，我們只守定詩古文詞幾種體格，做發抒思想情緒的正鵠，領域很狹。而他們重視的如小說戲曲，我們又鄙夷不屑，所以彼此易生誤會。我們現在要勉力的，第一不要局於一國的文學，囂然自足，誰推擴而參加世界的文學……不但他們的名作要多譯進來，我們的重要作品，也須全譯出去。……成見要破除，方式要變換，關鍵是多讀他們（西方國家）的書。（註二）

陳季同的這些話，即使過了一百年後的今天，仍是值得我們深思的文藝問題。

甲午戰爭時期，陳季同曾到臺灣任布政使，積極地參加了反割臺鬥爭，並參與組建臺灣民主國。正由於他對臺灣有血濃於水的感情，馬關條約割讓臺灣、澎湖，他寫下了沉痛的詩稿：

鯨鯢吞噬到鯤身，漁父蹣跚許問津。
莫保屏藩空守舊，頓忘唇齒藉維新。
河山觸四囚同泣，桑梓傷心鬼與鄰。
寄語赤嵌諸故老，桑田滄海亦前因。
台陽非復舊衣冠，從此威儀失漢官。

壺嶠居然成弱水，海天何計挽狂瀾。
雖云名下無虛士，不信軍中有一韓。
絕好湖山今已矣，故鄉遙望舊欄杆。

一九〇〇年，八國聯軍進攻北京，陳季同為了避免南方數省受到侵略，並可隱藏兵力支援北方，建議「中立」，受到肯定。由道員沈渝慶上諸兩江總督劉坤一與鄂、粵兩督合併，東南互保之約完成。為了救濟華北難民，上海商界以紅十字會名義北上，但救濟船不得進入戰地，陳季同說：「有我在，他們不敢輕舉妄動。」於是，陳季同親率掛著花旗的救濟船，直駛大沽。岸上洋兵聞陳季同大名，歡呼不已。他為這場戰後救濟作出了偉大的貢獻。

陳季同是一位允文允武的外交人材，他翻譯書籍時，「目視西書，手揮漢文，頃刻數紙。」「而投射槍砲尤精穩，兼能馳騁。距馬丈許，一躍即登其背；以槍擊空中飛鳥，無不中。」（註二）由於陳季同生長在腐敗透頂的清王朝，同時受到妒忌排擠，內心沉悶，便埋首於酒與嘆息聲中。他病逝南京，享年五十四歲。陳季同的法國妻子並未生育，回國後在妓院討了李家姊妹花為妾，生一子，取名陳璋。

【附註】

註一　引自曾樸給胡適的信，見《胡適文存》。

註二　引自《福建通志・列傳》卷三十九。

徐志摩身後餘話

從濟南搭津浦線火車南行二十五公里，即是党家莊站。附近有一座怪石嶙峋的山坡，約八十米高，俗稱白馬山。我小時隨堂嫂回娘家玩，曾到過白馬山。聽先輩親屬告訴我：民國二十年十一月十九日午飯時分，一架飛機墜毀在白馬山。那架司汀遜式３５０匹馬力的郵政專用機艙內，共有三人，正駕駛王貫一、副駕駛梁壁堂，還有一位趕往北平參加林徽音為外國使節講中國建築藝術的旅客，他就是著名詩人徐志摩。

徐志摩死後，葬於他的故鄉浙江硤石東山萬石窩。不料到了「文化大革命」時，當地鄉民聽說當年徐志摩墜機，找不著頭，他父親找金匠雕刻一個金頭，按在志摩屍身上，鄉民為了發財，竟然使詩人受到暴屍的悲劇。

在民國二十年前後，坐飛機是一件稀罕事。而飛機撞山墜毀更是平民百姓心目中的一樁大事。據沈從文的〈友情〉中有這樣的記載：

際眞：志摩十一月十九日十一點三十五分乘飛機撞死於濟南附近「開山」。飛機隨即焚燒，故二司機成焦炭。志摩衣已盡焚去，全身顏色尚如生人，頭部一大洞，左臂折斷，左腿折碎；

照情形看來，當係飛機墜地前人即已斃命。二十一此間接到電後，二十二我趕到濟南，見其破碎遺骸，停於一小廟中。時尚有梁思成等從北平趕來，張嘉鑄從上海趕來，郭有守從南京趕來。二十二晚棺木運南京轉上海，或者尚葬他家鄉。我現在剛從濟南回來，時（一九三一年十一月）二十三早晨。

沈從文所寫的開山，即為白馬山。因它是新改的名稱，大多數人不懂，所以他加了括弧。

當年徐志摩追求有夫之婦陸小曼，是一件叛逆行為，不僅社會批評，甚至志摩的父親徐申如也堅決反對。最後經過朋友懇求，老頭子提出三個條件：一、婚費自籌，二、婚後小曼要回浙江硤石鄉村住，三、必須請梁啓超證婚。

徐志摩和張幼儀離婚，陸小曼和王賡離婚，兩人相戀成婚，傳為佳話。這也是詩人志摩所追求的「愛、自由、美」三者合一的生活境界吧。婚後兩人你儂我儂，相敬如賓，過起只羨鴛鴦不羨仙的生活。新郎三十一，新娘二十四，郎有才華，女有美貌，羨慕天下青年男女。民國十六年十二月二十七日，上海舉辦義賑演出，壓軸戲是陸小曼的《三堂會審》，貴賓如雲，蔡元培也趕往欣賞。小曼扮相極美，字正腔圓，梅派味道甚濃，讓人聽來如大珠小珠落玉盤，風韻不凡。雕刻家江小鶼飾藍袍劉秉義，口齒清晰，風度不錯；翁瑞午飾演王金龍，此人是上海老票友，當然適任；不過，那位瘦高挑兒飾演紅袍潘必正的角色，走路少氣無力，念白帶有浙江味的官話，讓台上觀眾欲笑無淚，有人低聲埋怨：回去寫新詩吧，別在這裡出洋相了！

陸小曼是江蘇武進人，她父親陸定，清末舉人，曾留學日本。在北洋政府外交部作過司長、參事二十年。小曼自幼學習英、法文，是北京梅派名票，擅長跳舞。追求者如過江之鯽，連胡適之也以和小曼談天為榮，因此胡夫人江冬秀對此事大發脾氣。魯迅曾在一次飯局，批評徐志摩是「流氓」，可見徐與小曼的結合，引起當時衛道者的強烈反彈，確實非常嚴重。

小曼前夫王賡，江蘇無錫人，清華大學畢業，先在美國普林斯頓大學攻讀哲學，後入西點軍校砲科學習，他和艾森豪威爾是同學。曾在北洋政府任駐巴黎和會武官。「一二·八」淞滬戰役，他挾著機密地圖到理查飯店訪友，被對面日本領事館特務逮捕，後無罪釋放。民國三十一年跟隨政府訪問團參加開羅會議，病逝埃及尼羅河岸。盟軍葬他於英軍公墓。

詩人徐志摩原是王賡好友，三人常在一起看戲、跳舞。感情原極純潔。當時北京當局任命王賡為哈爾濱警察廳長，和小曼聚少離多，便自然地和志摩發生了愛情。志摩為了自拔，曾一度赴歐洲旅行，不但難以斬斷情絲，卻使兩人上升到難捨難分的愛情境界。

詩人徐志摩死後，陸小曼一直住在十里洋場的上海，過著清苦的藝術家生活。

她的繪畫素養不錯，早年臨摹過明人沈周的畫，也跟近代畫家賀天健學習過。小曼專畫山水，畫如其人，清逸飄灑，這和她的文學素養有一定的關係。抗戰八年，大抵小曼一直留在上海，情緒低沉，精神委靡，生活相當困難。

趙清閣的《滄海泛憶》一書，曾記載有關陸小曼的一段軼事，我現在抄錄於後：

有一次上海美協舉辦畫作展出，小曼參加了幾幅畫，陳毅見了，說：「這畫很好嘛！她的丈夫是不是徐志摩？徐志摩是我的老師！」陪同人講了小曼苦況，陳毅聽了皺皺眉頭：「應當安排工作，給以照顧。」不久，小曼收到一張聘書，聘她市人民政府參事，另附一張華東醫院就診卡，文化俱樂部出入證。小曼收到哭了！

這是五十年代初的事。那時陳毅擔任華東軍區司令員、上海市市長，他能照顧貧困的詩人遺孀陸小曼的生活，是很有人情味的事。不過，四十多年來，中共文藝路線的僵化，徐志摩始終難以撥雲見日，回歸他的藝術真正地位。前年，我隨文協文藝訪問團去了杭州，在「浙江文聯座談會」上，聽到他們將籌拍浙江作家傳記電視影片，包括魯迅、茅盾、郁達夫、周作人、夏衍、艾青等人，徐志摩也是其中的一位。

蕭軍在延安的歲月

抗日戰爭末期，蕭軍受到毛澤東的禮遇與重視，是有它的客觀因素的。蕭軍到了晚年曾說：「我們的友情，是建立在魯迅關係上的。」蕭軍是魯迅捧起來的，固然是毛澤東對他器重的原因，但是當時毛澤東為中共中央寫了〈大量吸取知識分子〉的決定，而從大後方到延安的文化人，特別像蕭軍這位擁有廣大讀者的小說家，確為中共積極爭取的對象。

蕭軍初到延安，住了半月，便隨丁玲去了西安，參加了「西北戰地服務團」。到了一九四〇年六月蕭軍從重慶返回延安，一身兼任數職：「中華全國文藝界抗敵會延安分會」（簡稱「文抗」）理事，「文藝月會」幹事、〈文藝月報〉編輯、〈魯迅研究會〉主任幹事和〈魯迅研究叢刊〉主編。由於蕭軍性情急躁，常和延安幹部發生矛盾、摩擦。一九四一年六月，周揚在〈解放日報·副刊〉連載〈文學與生活漫談〉，批評了一些從外地來的作家思想散慢，沒有紀律性。引起「文抗」作家蕭軍、艾青、舒群、羅烽、白朗等五人的強烈不滿。他們由蕭軍執筆寫成反擊文章寄〈解放日報·副刊〉，遭受退稿。蕭軍大怒，去向毛澤東辭行，要離開延安回重慶去。

毛澤東從談話中瞭解蕭軍對周揚等人的不滿，便安慰蕭軍稍安勿躁。蕭軍問他：「共產黨的文藝政策是什麼？」毛澤東說：「哪有什麼文藝政策，現在忙著打仗，種小米，還顧不上哪！」蕭軍向毛澤東發表許多意見，對方大為讚賞，並且鼓勵他多作調查研究，提出具體意見，以作為共產黨文藝政策的設計藍圖。蕭軍是個直性漢子，聽了毛澤東的話，湧起「士為知己者死」的胸襟與熱情，決心留在延安工作。他向毛澤東反映文藝情況，借閱《毛澤東抗戰言論集》。毛澤東立刻派人送書，並親筆復信蕭軍：

蕭軍同志：

兩次來示都閱悉，要的書已付上。我因過去同你少接觸，缺乏了解，有些意見想同你說，又怕交淺言深，無益於你，反引起隔閡，故沒有即說。延安有無數的壞現象，你對我說的，都值得注意，都應改正。但我勸你同時注意自己方面的某些毛病，不要絕對的看問題，要有耐心，要注意調理人或關係，要故意地強制地省察自己的弱點，方有出路，方能「安心立命。」否則天天不安心，痛苦甚大。你是極坦白豪爽的人，我覺得我同你談得來，故提議如上。如答你同意，願同你再談一回。敬問

近好

毛澤東八月二日

蕭軍是魯迅門下最紅的青年作家，他不久做了延安「文抗」的執行主席，毛澤東通過蕭軍來做延安作家們的工作，了解延安文藝界的情況，這是天經地義的事。這也是一年後召開著名的「延安文藝座談會」的動因之一。八月十二日（一九四一年）清晨，毛澤東親自約請「文抗」的蕭軍、艾青、羅烽、舒群、白朗等作家餐敘。當時中央組織部長陳雲，宣傳部長凱豐也在座，暢談文藝問題。

由於這次談話，「文抗」便從偏僻的楊家溝搬到蘭家坪，作家的工作和生活條件都有了改善，而且還建立了「作家俱樂部」。蕭軍去向毛澤東募捐，毛捐出邊幣一千元，分三次付清。當時延安生活艱苦，毛澤東的每月津貼才五元，他真的給足了蕭軍的面子。

在那段歲月，蕭軍和他的夫人王德芬住在延安，生活愉快。繼續寫作長篇小說〈第三代〉。

一九四二年二月上旬，毛澤東先後作了〈整頓黨的作風〉和〈反對黨八股〉的講演，標誌整風運動開始。三月，由於王實味在〈解放日報・副刊〉發表了〈野百合花〉，延安文藝界驟然間緊張起來。三月底，毛澤東在〈解放日報〉座談會上，作了比較嚴肅的談話，當然也指出了王實味的作品。

（四月四日）下午，蕭軍又去毛澤東那裡面談，兩人推心置腹開誠相見無所不談，越談越興奮，毛澤東忽然對蕭軍說：「蕭軍同志，你改改行嗎？」

「改什麼行？」

「入黨，當官！」

蕭軍連連擺手：「哦，不行，不行！斯大林說過，黨員是特殊材料製成的。入黨，我不是那材料，當官，我不是那坯子。我這個人自由主義、個人主義太重，就像一匹野馬，受不了繮繩的約束，到時候連我自己也管不住我自己，我還是在黨外跑跑吧！謝謝你這麼看得起我！」（註一）

毛澤東發表著名的〈在延安文藝座談會上的講話〉前夕，〈解放日報〉副刊於四月七日發表齊肅的〈讀「野百合花」有感〉，此文已強烈指責王實味的政治傾向與作用不好，整風運動大有「山雨欲來」之勢。四月八日〈解放日報〉副刊卻發表了蕭軍的〈論同志之「愛」與「耐」〉，似乎兩位作者對延安「衣分三色，食分五等」、「歌囀玉堂春，舞迴金蓮步」的官僚主義，採取相互支援的批評攻勢。附帶指出：延安整風運動，為何揪出了王實味進行批判，最後致死，但對蕭軍卻一再耐心說服，暫時未予計較，則是因為蕭軍不是中共黨員，是有影響的作家，而且蕭軍為毛澤東的文藝「講話」的搜集意見作出了貢獻。

那時，蕭軍已看出延安整風的矛頭，已指向了他。他藉著到延安附近旅行，搜集文藝界情況為理由，不參加座談會，並請毛澤東為他向駐軍三五九旅旅長王震要一張「通行證」。但是，毛澤東仍是不肯蕭軍這樣做，他每隔數日寫信問候蕭軍，派馬接他到住處談文藝問題。毛澤東認為，如果座談會未開，就有作家溜之大吉，那是多麼難堪的事？客觀而論，毛澤東當時挽留蕭軍是誠懇的、耐心的，也是帶有統戰意義的。

一九四二年五月二日至二十三日，在中共黨史上、現代文學史上著名的「延安文藝座談會」召開了。

五月二日，座談會在楊家嶺中央辦公廳禮堂召開。出席會議的中央領導同志有毛澤東主席、朱德總司令、陳雲、凱豐兩位部長，還有從前線趕回來一見丁玲的〈三八節有感〉便發火罵人的賀龍等。文藝界人士一百多人參加大會。

毛澤東在大會發表講話，此即「引言」。之後，請蕭軍第一個發言。坐在蕭軍身邊的丁玲也鼓動蕭軍：「你是學炮兵的，你就第一個開炮吧！」丁玲在一九四二年延安之春的鳴放之風中起了些帶頭作用。她在自己主編的〈解放日報〉副刊上於三月九日率先發表〈三八節有感〉之後，又一連三日相繼推出艾青的〈了解作家、尊重作家〉，羅烽的〈還是雜文時代〉以及王實味的〈野百合花〉。丁玲對延安的某些現象持批評態度，這一點同蕭軍投合。蕭軍由於同毛澤東頻繁交往討論文藝方針問題，他明白大勢，並未在大會上任著性子「開炮」。他的發言在今後加以整理以〈對於當前文藝諸問題底我見〉爲題發表於五月十四日〈解放日報〉，基本內容與毛澤東講話的「引言」大體相合。（註二）

當時，毛澤東在文藝座談會上的談話，包括「引言」與「結論」並未公布，只發表了消息。因此，蕭軍的這篇〈對於當前文學諸問題底我見〉，具體地透露出文藝座談會的內容。在延安文藝運動史上，蕭軍這個黨外人士真是出盡風頭了！

不過，蕭軍還是想走。離開延安，到重慶或西安去，躲開文藝上的爭論。在分組會上，蕭軍和黨員作家為了「愛」「自由」「人性」等問題，便發生了激烈的爭吵。同時毛澤東在「引言」中，批評了一些非馬克思主義的觀點：

> 說什麼一切從「愛」出發。就說愛吧，在階級社會裡，也只有階級的愛，但是這些同志卻要追求什麼超階級的愛，抽象的愛，以及抽象的自由。抽象的眞理、抽象的人性等，這是表明這些同志是受了資產階級很深的影響，應該很徹底地清算這種影響，很虛心地學習馬克思列寧主義。

這段話便是針對蕭軍那篇〈論同志的「愛」與「耐」〉而來的。蕭軍寫信給毛澤東要立即出發旅行，毛澤東卻沒有挽留他。蕭軍的妻子王德芬留住了他。他才耐心地開起大會，聆聽了毛澤東在五月二十三日發表的長達一萬餘言的〈在延安文藝座談會上的談話〉。

會議落幕，蕭軍又要走，請毛澤東向王震要一張旅行通行證。毛澤東回信說：「王旅長現在鄜縣，俟他回來，即與他談。」可是，蕭軍始終沒有拿到王震的旅行證。這是後話。

六月份，延安批判王實味大會上，群情憤慨，眾口一辭，怒批王實味是反黨分子。蕭軍忍俊不住，站起來喊：「讓他說嘛！為什麼不讓王實味說話！」大會參與人員轉向蕭軍，他毫不在乎。會後，「中央研究院」來了四名代表，向蕭軍提出抗議，要求賠禮道歉。蕭軍拒絕。事後，蕭軍寫了一份〈備忘錄〉，說明自己意見以及事實經過，上呈毛澤東。毛澤東置之不理。至了十月十八日，延安舉行紀念魯迅逝世六周年大會，蕭軍在會上宣讀了〈備忘錄〉。因此他與丁玲、周揚、艾青等黨內外作家展開激烈辯論六小時。蕭軍從此被扣上「同情王實味」罪名，孤立起來。秋去冬來，蕭軍為了自食其力，帶著一雙幼兒和臨產的妻子，下鄉種田。直到抗日戰爭勝利，蕭軍才離開延安，回到了哈爾濱。

蕭軍性格豪放不羈，「文化報事件」，使他遭到滅頂性的批判。這一九四八年的事。

英雄末路，五十年代流落北京，長篇新作〈五月的礦山〉和〈第三代〉都無法出版。他將文稿送到中南海請周總理轉交毛主席審閱，收到了中央文委的復信。蕭軍從毛澤東那裡請來了「尚方寶劍」，作品才獲出版；但已不能享受一般作家的待遇，連〈八月的鄉村〉也被刪去魯迅的「序」，才允許重版。後來，可以證明毛澤東還記得蕭軍的只有一件事。一九五八年二月的〈文藝報〉發了一個醒目的專欄：「再批判」，蕭軍那篇〈論同志的「愛」與「耐」〉與王實味、丁玲、羅烽、艾青等人在延安寫的那幾篇文章一同被示眾。他不知道這次「再批判」出自毛澤東的安排。毛澤東親自寫了〈編者按語〉，指責蕭軍與丁玲在延安「勾結在一起，從事反黨活動」。以「革命者的姿態寫反革命的文章」。毛澤東終於爲蕭軍在延安放言無忌、不知改悔而逍遙法外補上了一個判決。（註三）

蕭軍是一位性情豪放的優秀小說家，他和毛澤東的交往，瀟洒自如，談笑風生，充分表現出「無欲則剛」的文人性格。我想起那位戴著近視眼鏡，滿嘴皖南官話，見到十幾歲的愛新覺羅・溥儀，仍然奴顏屈膝呼喊「皇帝！」兩人相比，更覺蕭軍是一個有骨氣的作家！可惜蕭軍命運不濟，沒有生活在春風吹綠的芳草地，就這樣懷著滿肚子委屈與牢騷走出苦難深重的神州大地。我們除了嘆息，夫復何言！

【附註】

註一　王德芬：〈蕭軍在延安〉一九八七年五月〈人民日報〉海外版。

註二　邢富君：〈半賓半友式的交往——毛澤東與蕭軍〉，一九九三年五月。

註三　陳微主編〈毛澤東與文化界名流〉一九九三年中國社會科學出版社。

鄭振鐸與文學因緣

韓愈說過：世有伯樂，而後有千里馬；千里馬常有，而伯樂不常有。我認為文學報刊的編輯，就是伯樂，他有發掘作家的任務；而且他可以培養、影響作家，進而繁榮整個文壇。

從五四新文化運動以來，從事文學報刊、叢書編輯，質量、數量以及影響最大的則是鄭振鐸。除了主編雜誌，他還主持編輯了俄國、美國等翻譯作品。許多著名的作家像郁達夫、王任叔、廬隱、靳以、端木蕻良，都是由於鄭振鐸的幫助而紅起來的。夏衍的第一篇小說〈泡〉，就是由鄭振鐸主編的《文學》發表的。後來，夏衍到了老年回憶說：「這是我第一次用夏衍這個筆名。這一試作的發表，也增進了我寫作的信心。」曹禺的劇本《雷雨》，也是最早發表於鄭振鐸主編的《文學季刊》上。巴金的第一篇小說〈房東太太〉，發表於一九三〇年元月號鄭振鐸主編的《小說月報》上。接著，巴金給鄭振鐸寄來第二篇小說〈死去的太陽〉，不久便被退回來了。

巴金在〈談「滅亡」〉，曾提及這件往事：

編者的處理是很公平的。……爲了退稿，我至今還感激《小說月報》的編者。一個人不論通過什麼樣的道路走進「文壇」，他需要的總是辛勤的勞動、刻苦的鍛鍊和認眞的督促。任何的「捧場」都只能助長一個人的驕傲而促成他不斷的後退。

二十年代初，趙景深還是一個棉業專門學校的學生，喜歡寫兒童文學作品，常和鄭振鐸通信。他翻譯安徒生的《小松樹》，收入鄭振鐸主編的《童話》第三集。他的小說《紅腫的手》，由鄭振鐸發表於《小說月報》上。其他如「文學研究會」的詩人朱湘、梁宗岱、劉思慕等人，也是由於鄭振鐸的幫助走向文壇的。

鄭振鐸作為文學刊物編輯，固然發掘、幫助了不少文學作家，但是他也開罪了不少文學作家。王平陵在〈北伐前後的文派〉中，曾這樣寫著：

鄭振鐸態度驕傲，使初次接近他的人，實在無法忍受，心眼兒又異常狹窄，他所控制的園地，如不是同鄉、親戚、「文學研究會員」的會員，難得採用外稿，即有佳構，亦遭排斥。

抗日戰爭時期，楊光政寫了一篇〈大編輯鄭振鐸〉，也對鄭振鐸感到強烈不滿：

鄭振鐸做著編輯的時候，無名小卒的心血稿投寄過去，看都不看一眼，總是退的退，丟的丟。

事實上，他所主編的雜誌叢書，也的確大都是他自己和朋友的「大作」，不過他們常常在換著筆名，冒充一下新進作家罷了。

我們無法考證楊某的話的真實性，不敢妄作評論。任何人皆有三朋六友，編輯也不例外。不過，文學編輯每天收到數十篇甚至上百篇稿件，若讓他逐字細讀，那是一樁殘酷的工作。楊某說鄭振鐸對無名小卒的文章「看都不看一眼」，似嫌誇張。客觀地說，任何文章只看數行，便可決定取捨了。

王平陵生前對我鼓勵甚多，他從南洋從事華文教學回了台北，竟然擠不進大專校門，讓我暗地跺腳罵娘。這位三〇年代崛起的執政黨籍老作家，著作等身。他批評鄭振鐸的一番話，當然帶點政治意味，平心而論：九、一八事變後，端木蕻良等東北籍作家到了上海，受到鄭的照顧，既非同鄉，又非親戚，更不是「文學研究會員」，所以恕我如此說：「吾愛吾師，吾更愛真理」，平陵先生的批評仍是帶有偏激的成分。

鄭振鐸的畢生文學勞動，最大的貢獻則是整理文學遺產和組織翻譯文學工作。他反對文藝口號化，胡適的獨幕劇《終身大事》攻擊舊禮教、舊社會，是五四時代的作品。由於胡適先生是學院派領袖，竟然被譯成英文，文藝界卻不敢置評。鄭振鐸作為文學編輯，他批評胡適的《終身大事》「裡面充滿了口號，殊無足取。」這是鄭氏敢於面對真理的文人氣派。

一九二一年七月《改造》雜誌，鄭振鐸發表〈俄國文學中的翻譯家〉一文，他強調指出：

> 翻譯家的功績的偉大絕不下於創作家，他是人類的最高精神與情緒的交通者。……由文學

的交通，也許可以把人類的誤會除掉了不少。所以在世界沒有共同的語言以前，翻譯家的使用是非常重大的。……無論在哪一國的文學史上，沒有不顯出受別國文學的影響的痕跡的，而負這種介紹責任的，卻是翻譯家。

作為一位文學編輯，有一定的權力，若是他掌握得不甚得體，也會給文藝界造成誤解或傷害。鄭振鐸反對京劇中的不合理的「東西」，在一九二九年一月十五日出版的《文學週報》的「梅蘭芳專號」，他用化名攻擊皮簧戲，攻擊許多為梅蘭芳改編劇本的包括齊如山等人，和一些「倚梅為生活的無賴文人」。鄭振鐸以「西源」作筆名發表的〈打倒男扮女裝的旦角——打倒旦角的代表人梅蘭芳〉一文中，這樣寫著：

群衆若爲虛僞的藝術所包圍，所迷醉，則眞正的藝術將永不會爲他們所理解，所欣賞，即眞正的藝術永不會有發達的希望。所以我們爲了擁護眞正的藝術計，便不能不對虛僞的、不合理的、非人的、矯枉做作的、殘忍的藝術下猛烈的攻擊，不管它是不是國技或國藝。

京劇是我國文化精華之一，它已有二百年歷史。清乾隆年間，四大徽班陸續到北京演出，和嘉慶、道光時來自湖北的漢調藝人合作，相互影響，接受了崑曲、秦腔的部分劇目、曲調和表演方法，唱腔以西皮、二簧為主，表演以唱、做、念、打並重。到了咸豐、同治年間，經過程長庚、譚鑫培、梅蘭芳等表演藝術家的改革與發展，京劇獲得了極大的進步。鄭振鐸攻擊梅蘭芳男扮女裝，是「虛偽的」、「不合理的」、「矯枉做作的」是錯誤的。因為京劇藝術是象徵的表演，多用虛擬性的程式動作。鄭振鐸的組織攻擊梅蘭芳文章專號，不但沒有打垮梅蘭芳，更沒有打垮京劇藝術，卻給我國文藝史上留下一段值得檢討的課題。

五〇年代初，齊如山教授我〈中國戲劇史〉，他曾談起這段往事。在舊社會，一般知識分子看不起京劇演員，所謂「王八戲子吹鼓手」，下層社會行業。齊是河北高陽人，年輕時熱愛文學戲曲，他看了梅蘭芳的戲，向他提出數千字的改進意見。梅接到信之後，馬上登門求教，使齊如山大為感動。從此，齊老開始為梅寫作劇本，成為莫逆知己。平心而論，為梅改編劇本的朋友，絕不是鄭振鐸所誣指的「無賴文人」，同時從來沒有一位倚靠梅蘭芳而生活，這是最大的錯誤論點。

梅蘭芳在抗戰八年，留了鬍鬚，誓不為日偽政權官僚演戲，留下佳話。梅蘭芳逝世後，有人總結他的戲劇研究和實踐心得，是當前世界上包括斯坦尼斯拉夫斯基、布萊希特的鼎足而三的表演藝術體系。

由於鄭振鐸是著名的文學刊物主編，他利用地盤與權力，發動批判梅蘭芳，所以魯迅在一九三四年寫了〈略論梅蘭芳及其他〉。甚至魯迅還把「捧梅」視作「梅毒」（一九三三年三月一日致臺靜農信）。這都是鄭振鐸所造成的不良影響。

一九四九年秋，鄭振鐸從香港到了北京。毛澤東約他談話，聘他擔任文化部文物局長。鄭受寵若驚，急忙說：「我作了二十多年文學編輯，整天在書籍稿紙中生活，從未進過衙門，我怎能做官呢？」毛說：「你別怕，把文史方面人才抓住，把資料整理出來就行。共產黨就是把各種專家人才擺在適當崗位上工作。」鄭振鐸既不是共產黨員也不是民盟，甚至也未參加左翼作家聯盟，他於一九五八年十月率文化訪問團赴阿富汗、阿拉伯聯合共和國訪問，中途不幸飛行失事，釀成機毀人亡的慘劇。不過，鄭振鐸躲過史無前例的文革浩劫，說起來還算幸運的。

胡風獄中詩抄

近讀《胡風自傳》，感慨萬端。過去，我曾通讀過胡風的文學評論文章，他的文筆艱澀拗口，讀起來不甚流暢；但是他的才氣橫溢，氣度恢宏，他對我國現代文學具有一定的影響力，則是不容置疑的事實。

胡風於一九四三年春從香港脫險抵達重慶，受到執政黨的熱情慰問。胡風在《胡風自傳．再返重慶》上記載：「回重慶後，國民黨方面是以張道藩的中央文化運動委員會，為主人來招待宴請我們這些從香港脫險的作家，安撫我們，還以這名義送來了補助旅費三千元。」

五月十三日下午三時，這些從香港返回重慶的作家茅盾、胡風、沈志遠、錢納水先到中宣部會合，再由張道藩陪同，分搭兩輛駛往上清寺蔣委員長住所。《胡風自傳》上這樣寫著：

> 張道藩招呼我進去後，輕力地向蔣說了些什麼，當是介紹姓名吧。握手後，坐在和蔣隔著小圓桌的單人沙發上。張道藩在靠著蔣的那邊沙發上坐半邊屁股，手上還拿著一小本做紀錄。蔣介石先問是什麼地方人，懂哪種外交，在哪裡留學等。我說：「在日本留過學。」他說：「

> 是帝大？」我說：「是慶應。」他「噢」了一聲，停了一下，說：「慶應是名牌大學啊！好的，好的。」又問我對日本的看法。我回答的大意是，日本是外強中乾的，以體育爲例，球賽吸引著青少年像著了魔似的，但那只能使他們不關心政治，達到愚民教育的結果，在愚民教育下的國民，雖能被反動政治玩弄於一時，並不能使反動政治最終達到目的。他聽了沒有再問什麼，接著，輕聲地說了一句：「爲國家，啊……」點點頭。我以爲到此就完了，站了起來，他也站了起來。再握一握手，我轉身走了出來。總共不過兩三分鐘。

那日，蔣委員長個別接見作家茅盾時，曾問他對剛出版的《中國之命運》的意見。不久，胡風見了周恩來，談起此事，胡風說：「我覺得蔣介石的表情像老太婆。」

中央文化運動委員會準備召開年會，張道藩請作家代表餐敘，提議寫一篇論文在會上宣讀。決定由四人起草：茅盾、胡風、王平陵、李辰冬。會中，李辰冬說：「今天討論打破頭都可以，但出門以後意見要一致。」討論結果，公推胡風來執筆寫論文。胡風在回憶文章中說：「我決定了兩點：一定放進一些要緊的內容，但要用所謂學術性的晦澀寫法；開會前一天才給張道藩看，寧可全部被否定也不給他刪改的時間。」

胡風用了兩、三天時間寫完題為〈文藝工作底發展及其努力方向〉論文。因時間倉促，張道藩根本沒有看原稿，便在大會宣讀、印發出去了。由此可以證明：當時執政黨的文藝權力，表面上有張道藩領導，但由於實施民主政治，國共合作，共產黨卻主導了文藝方向。這是鐵的事實。胡風在他的「自傳」中，也說出了客觀的事實：

這篇論文雖然在文藝界不能使大家都滿意，但在張道藩這方面，他本想用一篇論文在文藝問題上爲國民黨撈取某種資本，這從姚蓬子脫口而出的「不加進三民主義就通不過」那一句就可想而知。由於論文的內容和寫法都是首尾相聯有機構成的，如果張道藩提出這個要求來，那非全部改寫不可，也就是只有全部否定它。而這樣做，是要負破壞年會計劃和團結的責任，引起大多數人的不滿的。他只好吞下了這個苦果。所以，不但使得他沒達到目的，反而用抗戰和進步的要求透露出了對現狀的不滿，在國民黨文化統制政策上劃破了一些缺口。國民黨是完全失敗了。

胡風的話說得對，在文化戰線上，四十年代抗日戰爭前後，「國民黨是完全失敗了！」

胡風是文學評論家，他和魯迅、瞿秋白、馮雪峯具有深厚的友誼，為左翼文藝開創了光輝的事蹟。四十年代，蘇聯文藝界稱他是「中國的別林斯基」。在戰火紛飛的四十年代，胡風主編的《七月書叢》、《七月文叢》，在我國新文學史上占有重要的歷史地位。所謂「七月」，是從胡風主編的《七月》雜誌發展而成的。

《七月》在抗日戰爭中發展了遍布大江南北的詩人，據胡風自己統計，著名的詩人就有三十九人，包括艾青、田間、鄒荻帆、賀敬之、亦門、孫鈿、魯藜、天藍、冀汸、綠原、牛汀、杜谷等人。胡風影響之大，令人嘆為觀止，他真是一名大合唱的指揮家。

香港已故現代文學評論家司馬長風說胡風是「三〇年代及抗戰期間最活躍的左翼文學批評家。」已故著名小說家陳紀瀅在《三十年代作家記・記胡風》文章中，這樣寫著：

從來沒自他嘴裡聽說一句「軟話」，他既沒有去向人「哭」過「窮」，也沒向人表示過對文藝寫作「厭倦」了。他窮是窮，還是一派「文藝大將」風度。只要談起文藝來，他便滔滔不絕，如長江之從喜瑪拉雅山下來，一洩千里。

陳紀瀅的話是公道的，客觀的。

胡風在中共建國前夕，開始醞釀長篇抒情敘事混合體英雄頌歌〈時間開始了〉。這首長詩歌頌了共產黨和他崇拜的毛澤東：

時間開始了——

毛澤東

他站到了主席台正中間

他站在飄著四面紅旗的北球面底

中國地形正前面

他

屹立著一尊塑像……

胡風崇拜領袖，歌頌領袖，但是他崇拜的領袖卻不愛護他，他因文藝問題上書「三十萬言書」，使毛澤東震怒，結果胡風被關押了四分之一世紀——廿五個春秋！胡風一身是病。七十歲時，他「用石頭擊腦部，企圖自盡，未遂。精神開始混亂，經常出現幻覺和恐怖感」。

這件被定為「胡風反革命集團」共七十八人，其中有共產黨員三十二人。因長期關押被逼成病的，除胡風外有路翎、王元化、蘆甸；病死的有阿壠、呂熒；自殺的有方然、鄭思……這是二十世紀最大的政治冤案。

一九五六年二月十一日，農曆乙未除夕，胡風被關押在暗無天日牢房中，他以魯迅〈慣於長夜過春時〉原韻，寫了一首七律，讓人辛酸難受，低徊不已！

竟在囚房度歲時，奇冤如蘿命如絲，
空中悉素聽歸鳥，眼裡朦朧望聖旗，
昨友今仇何取證，傾家負黨忍吟詩，
廿年點滴成灰燼，俯首無言見黑衣。

胡風在秦城監獄時，五十多歲，身體尚健。他經常吟詩以解愁腸。當時，胡風步魯迅原韻，擬了兩首記出獄感想的詩，題為〈擬出獄志感〉。

其一

長晝無聲苦度時，懨懨日影照風絲。
驚聞赦令雙行淚，喜見晴空一色旗。
拾得餘生還素我，逃開邪道葵歪詩。
牢房文苑同時別，脫卻囚衣換故衣。

其二

感恩重獲自由時，對婦偎兒淚似絲。
桶底幸存三斗米，牆頭重掛萬年旗。
遠離禁苑休回首，學種番茄當寫詩。
負荷尚堪餬數口，晴穿破衲雨簑衣。

胡風夢想等他出獄之後，決心告別文壇，回到農村當一名普通農民；結果，他並沒有及時出獄，卻在牢中前後蹲了四分之一世紀，等他的政治冤案平反時，已是白髮蒼蒼八十開外的老人了！

齊白石畫蝦

齊白石是一位木匠出身的書畫家、篆刻家。他讀書不多，沒有藝術理論，他的藝術作品皆是通過實踐獲得的。早年曾作雕花木工，他是為了維持生活才學習詩文、書法與篆刻。一九一七年定居北京，以治印賣畫為生。他一生創作了大量詩、書、畫、印，成為國畫界一代大師。擅長花鳥蟲魚，亦畫山水、人物。

一九五〇年初夏，毛澤東派秘書田家英到跨車胡同齊宅，看望年已八十七歲的老畫家。把他接到中南海，品茶賞花。還請朱德作陪，一同共進晚餐。毛澤東告訴齊白石，政務院（國務院前身）將聘請他擔任文史館館員。

齊白石為了感謝毛澤東知遇之情，那年國慶節前夕，他從自己珍藏多年的國畫精品中，選出一幅立軸《鷹》和一幅對聯，贈給毛澤東。《鷹》作於一九四一年。對聯是：「海為龍世界，雲是鶴家鄉」，作於一九三七年七月。同時，齊白石還把自己一方用了四十多年的圓石硯，送給了湖南湘潭同鄉。

雖然齊白石為資深畫家，但是他謙虛有禮，對於具有藝術才華的晚輩，讚不絕口。齊白石稱讚比他年小三十四歲的李苦禪：「英（李苦禪原名英傑）也過我」、

「英也無故」，並說「英老死不享大名，世無鬼神。」齊白石早已譽滿大江南北，他能說出如此的讚語，現代畫家有如此雅量麼！

齊白石是偉大藝術家，他的生活習慣不脫農民本色。他的稿酬、潤筆從來不存儲銀行，多半將鈔票塞進畫室的牆壁小洞中，洞口堵上石塊或磚頭。凡是畫家朋友去他家拜訪，他一定送人家一幅畫，而且任人挑選。最有趣的朋友告別時，齊白石堅持送客人一毛錢，作為購買公車票錢。如對方婉謝不收，他一定生氣。

齊白石質樸、誠實，永遠不脫農民本色。他欣賞評劇演員新鳳霞的藝術才華，收她作女弟子，教她作畫。齊白石在大庭廣眾下讚揚新鳳霞是「大美人」，傳為佳話。

五十年代，他常在北京榮寶齋作畫。一日，有人問他見過毛澤東麼？他說：「見過。早晨洗過臉，就見到他。」原來牆上貼著毛的照片。

作為一個藝術家，首先應耐得住寂寞，才能潛心從事藝事。齊白石在這方面，可以作為我們的楷模。

五四運動時，北京一位老官僚壽辰，賀客盈門。有一位穿著粗布衣衫的鄉巴佬，躲在一角悶坐。因為客廳內長袍馬掛的紳士，西裝革履的買辦，以及胸前勳章閃亮的將軍，誰也不認識這位土裡土氣神經兮兮的中年漢。那人暗自後悔，今天真不應該參加這個宴會，既尷尬又彆扭，心中窩了一肚子悶氣。

驀然間，從外面走進一位濃眉大眼美男子，此人猶如鶴立雞群，頓時客廳安靜下來。不少人低聲喊喳說：「這個人是誰？」

有人回答：「鼎鼎大名的京劇演員梅蘭芳，你不知道麼？」

梅蘭芳朝群眾瀟洒的點頭、微笑，逕向屋角走去。走到那位粗布衣衫鄉巴佬面前，跟他恭敬而熱情的攀談起來。頓時引起賓客的一陣騷動。有人走近打聽此人身分，原來是木匠出身的畫家齊白石。

亞里士多德說：「羽毛顏色相同的鳥，才會聚在一起。」所謂「先認羅衫後認人」的現象，不僅是中國，原來古希臘也有這種現象。因此，齊白石那日受了悶氣，幸而有梅蘭芳為他解圍，化除煩惱，回家以後，齊白石用心畫了一幅《雪中送炭圖》，贈送京劇表演藝術家梅蘭芳。畫上題詩有這樣的詩句：「而今淪落長安市，幸有梅郎識姓名。」

齊白石擅長魚蝦，他有一幅著名的《多蝦圖》，一群草蝦聚集一起，疏密有致，多而不亂。每隻蝦皆軀幹透明，薄殼下猶如有生命在搏動，蝦鬚顫顫，似要躍出水面。為何他畫得這麼形神兼備，氣韻生動呢？因為他從小在農村長大，常在河流中觀察蝦的泅游，也常用棉花為誘餌釣蝦。齊白石晚年畫了一幅《兒時釣蝦圖》，畫幅上題詩是：

五十年前作小娃，

棉花爲餌釣蘆蝦。
今朝畫此頭全白，
記得菖蒲是此花。

余少時嘗以棉花爲餌釣大蝦，蝦足鉗其餌，釣絲起，蝦隨釣絲起出水，鉗尤不解。只顧一食，忘其登岸矣。

齊白石畫蝦經歷了三個階段。他六十歲前畫的蝦主要是摹古。學習八大山人、李復堂、鄭板橋等畫蝦的技巧。他經常在案頭擺著一大海蜿，趴在碗邊仔細地觀看著碗內的鮮蹦活跳的小蝦。小蝦進行搏鬥時，雙方緩緩挪動，彷彿都在尋找對方的薄弱環節作為突破。接著，一隻隻都舉起雙鉗，撲上去勇猛格鬥，廝殺得難分難捨。畫家被這奇趣的「蝦戰」深深吸引住了。他原先畫的蝦，長臂和軀幹變化不多，長鬚也大都是畫成平擺的六條長線，由於長期的觀察，他才發現蝦在破水沖躍時，是雙鉗閉合，軀幹伸展，長鬚急甩於後的。蝦在輕浮慢遊時，是雙臂彎曲，長鬚緩緩擺動的，後來他畫蝦時都作了改正。

齊白石畫蝦進入第二個階段，蝦的身軀有了質感，頭、胸部前端有堅硬感，腹部節與節若連若斷，中部拱起，以乎能蠕動。長臂也更顯有力和精神。最關鍵的突破是在蝦的頭胸部分的淡墨上加了一筆濃墨，這一筆加重了的重量，也表現了蝦的透明感，使之更神形兼備了。

八十歲後的齊白石畫蝦，可以說達了到爐火純青的地步，藝術造型的「形」、「質」、「動」三要素都臻於完美。那蝦的精確的體態，富有彈力的透明體，在水中浮游的動勢，無不經一番藝術提煉工夫的，使蝦的神情更為突出了。

齊白石總結自己的畫蝦經驗，是在他的一幅畫蝦畫題詞上寫的。這段話證明，他是敢於否定自己，不斷追求藝術進步。

余人畫蝦已經數變，初只略似，一變畢眞，再變色分深淡，此三變也。

其次，齊白石從不為世俗所累，始終如一地堅持自己的藝術興趣。他的作品，一方面獲得世人的普遍稱讚，一方面也遭受許多自命不凡的謗貶。齊白石曾給胡佩衡題詩說：

塘裡無魚蝦自奇，
也從葉底戲東西。
寫生我懶求形似，
不厭名聲到老低。

最值得稱道的，齊白石畫蝦的藝術經驗，乃是工夫深。他說過：「余畫蝦數十年始得其神！」他曾在一張畫魚蝦的作品上題有一首絕句：

苦把流光換畫禪，
功夫深處漸自然。

等閑我被畫蝦誤，
負卻龍泉五百年。

齊白石於一九五七年九月十六日病逝。終年九十五歲。就在這一年，他滿懷激情地畫了一棵「萬年青」花卉。時任北京「中國畫院」名譽院長。齊白石否定自己，敢於創新的藝術精神，永留人間。他說過：「余作畫數十年，未稱己意。從此決心大變，不欲人知；即餓死京華，公等勿憐，乃余或可自問快心時也。」這段話猶如明燈，照亮了文藝工作者前進的路。

莎士比亞與朱生豪

我初次接觸莎士比亞作品，是在一九五一年聽梁實秋講授《哈姆雷特》。梁老那時年近五旬，身體開始發胖，戴深度近視眼鏡，以華文摻雜英文講述劇情。開幕時呈現鬼魂浮現丹麥城堡。他彷彿故意誇張表情，逗得教室二三十個男女小青年心噗噗跳，嘴嘿嘿笑。等到假日，我跑到台北重慶南路世界書局，把朱生豪翻譯的莎翁作品單行本，如《哈姆雷特》、《奧瑟羅》、《暴風雨》、《李耳王》、《羅密歐與茱麗葉》買回來閱讀。這是我學習莎翁戲劇的開始。

莎翁是英國文藝復興時期的戲劇家，他的著作流傳世界五大洲。英國文豪培根說過一句豪語：「吾人寧願失去十個印度，卻不願失去一個莎士比亞。」但是若想把莎翁戲劇作品完全翻譯過來，卻是一個偉大的文化工程。三十年代初，日人坪內逍遙譯完莎翁作品，引為傲事。有些日人氣焰高漲，譏笑中國尚沒有莎翁全集的譯本。那時魯迅寫信勸林語堂做這件事，「於中國有益，在中國留存」；但是，林語堂由於志趣與工作計劃，並未接納魯迅的建議。

一九三五年春，上海世界書局英文部編輯、二十出頭的之江大學畢業的朱生豪，在英文部主任詹文滸的支持和幫助下，開始翻譯《莎士比亞全集》。客觀地說，以梁實秋的學識素養，他到了晚年才譯完莎翁作品全集，朱生豪當時只是一個青年英文編輯，竟有勇氣從事這件宏偉的文化工作，確是大膽的嘗試。

那時，朱生豪正在熱戀宋清如。這位江蘇常熟的富家女，尚在之江大學國文系讀書，朱生豪在愛情的鼓舞下，用宋清如贈送他的一支烏黑閃亮的美國康克林自來水鋼筆，開始翻譯莎士比亞的戲劇作品。首先，他譯完了《暴風雨》，接著翻譯《仲夏夜之夢》、《無事煩惱》，他把全副精力用在翻譯莎翁著作上，速度快、品質好，他計劃兩年內譯完莎翁戲劇全集第一輯。

一九三七年六月，朱生豪把譯完的七部喜劇，送到世界書局付印，孰料，日軍侵略的砲火，摧毀了他的譯稿。這致命的打擊，幾乎使朱生豪發瘋了！就在他的心境陷入深淵的時刻，他的情人宋清如長途跋涉趕到了上海，決心伴隨他的身邊，幫助他完成翻譯莎翁著作的心願。他們的婚禮非常寒磣，既無鼓樂，也無鮮花。新郎的長袍是租來的，新娘的結婚禮服、皮鞋是借的，證婚人是之江大學教務長黃成金。介紹人是夏承燾、陸高誼教授，主婚人竟是新娘的詩友張荃女士。結婚典禮唯一讓人矚目的是夏承燾題寫的「才子佳人、柴米夫妻」條幅。

是的，朱生豪是才子，宋清如是佳人，兩人的婚姻也正是柴米夫妻。他們婚後貧困潦倒，為了活下去，為了完成翻譯莎翁著作，他們只得離開上海，帶著譯稿、原著和字典，去了常熟。僅在半年之間，他補譯完成了莎翁的九部喜劇，接著翻譯莎翁的悲劇。由於常熟時常遭受日軍騷擾，他們只得回到朱生豪的故鄉——浙江嘉興。繼續翻譯工作。

儘管生活如此艱辛、窘迫，但朱生豪對翻譯莎劇卻一刻也不懈怠。他在忠實於原著的基礎上，把博大精深的中國詩詞修養，滲透於字裡行間，做到了洋詩中化，使英國「天才詩人」的戲劇更具神韻，更顯魅力。

譯啊譯，他從早到晚，握筆不輟，連一天三餐的粥飯也由她送去。此時的她，眞正當起了「柴米夫妻」、買米、燒飯、買菜，照顧有病的小叔……那時她還懷著孩子，但爲了掙幾文錢貼補家用，這位從來沒有動過針頭線腦的大家閨秀，挺著日益隆起的大肚子，到街坊的成衣店領取衣物，代爲拆補。（註）

許多人感到訝異，為何朱生豪的學歷只是大學畢業，而且主修中國文學，兼攻英文，並未曾留學，但是他翻譯的莎翁作品，卻比梁實秋流暢，讓讀者愛不釋手。我認為有下列兩個原因：

1.朱生豪十七歲被保送杭州之江大學，進國文系，為該校「之江詩社」領導人物。曾在夏承燾指導下研究宋詞，因此他的中文具有一定的水平；朱生豪求學時，並兼任美籍教授竇維思的助教，二十一歲大學畢業後，留校任〈之江校刊〉英文部主任編輯，從此證明他的英文也有一定的基礎。天才再加上努力勤奮向學，當然是優秀的翻譯家。

2.朱生豪從二十三歲開始，便專心從事莎翁戲劇翻譯工作。他既未做過一日教師，也沒幹過一天公務員，直到他三十二歲因患「結核性胸膜炎，加有肺結核、腸結核合併症」死亡，他用了十年光陰，全副精力投入翻譯莎翁作品。他從一天譯三千字上升到一天譯八千字，他以殉道者的精神，將自己的生命的血，澆鑄了中國翻譯界的一件巨大工程，他的成果當然是豐碩的。

莎士比亞畢生創作了三十七部戲劇。朱生豪譯了喜劇十三部、悲劇十部、傳奇劇四部和歷史劇四部。唯有歷史劇的《理查三世》、《亨利五世》、《亨利六世》（上、中、下）和《亨利八世》六部沒有譯完。朱生豪便撒手離開了戰火紛飛的神州大地。時為一九四三年六月一日。

我在寫作遊記、散文，曾引用過莎翁《哈姆雷特》中的富於哲理的詩句，這就是朱生豪翻譯的。

凱撒死了，他尊嚴的屍體，
也許變成了泥把牆填砌；
啊，當年他是何等英雄，
如今祇有替人擋雨遮風。

一九八〇年六月，我曾從倫敦雇計程車前往斯特福爾鎮，訪問了莎士比亞的故鄉。坐在寧靜的艾文河畔草地上，我凝聽樹上鳥聲啁啾，湧想起四百年前這位偉大的戲劇家，他沒有輝煌的學歷，沒有值得炫耀的經歷，他憑著在劇院做雜工、跑龍套親自聽來的戲劇故事，以及親身採擷的社會百態，寫出了三十七部偉大的撼動人心的劇本。他為英國文學史上留下光榮的紀錄。世界各地愛好文學的人，四百年來一直談論莎士比亞的名字和作品。而我這個半文盲的文學愛好者，若不是通過朱生豪的翻譯作品，我是難以看到偉大的莎士比亞那海洋般的深邃心靈。

許多人知道朱生豪，可是卻很少人知道朱生豪相戀十年的情人、夫人宋清如。當年，宋清如順手從上身衣袋掏出一支鋼筆，送給朱生豪，朱生豪用那支鋼筆給宋清如寫了五百四十多封情書，又用那支鋼筆譯完了三十一部半的莎翁戲劇。這一支破爛的、磨平了筆尖的美國康克林牌鋼筆，依然保存在宋清如的手中。她年老體弱，但卻愛讀朱生豪的譯稿。她是嘉興市文聯名譽主席、中國莎士比亞研究會會員。

據訪問過宋清如老人的記者敘述，朱生豪生前性情內向，不善言談，卻愛用那支康克林牌鋼筆，寫了一封又一封熱情洋溢的情書：「你是一個美麗可愛的人，春天、夏天、秋天和冬天的精神合起來畫成你你的身體和靈魂，你要我以怎樣的方式歌頌你？……」

朱生豪翻譯的三十一種莎翁劇本，於一九五四年八月出齊發行。當時宋清如手捧亡夫的遺留譯著，嚎啕大哭！唉，這偉大的愛情伴侶，是多麼撼動人心啊！

【附註】

註一　屠駿祥〈愛是不容易的——朱生豪與宋清如的事業與愛情〉，〈人物〉雜誌總第七十二期，一九九二年三月出版。

詩人聶紺弩在北大荒

早期黃埔軍校畢業生，有不少傑出的文學人材，二期的聶紺弩，詩人、雜文家，曾在蘇聯和日本學習與工作。他的傳統詩，膾炙人口，我對它是偏愛至極的。

詩人聶紺弩坎坷一生，一貶北大荒，再囚山西，他和周穎的獨生女兒海燕，原是一名優秀的芭蕾舞演員，愛如掌上明珠。聶紺弩再度入獄，海燕感到人間沒有是非公道，竟萌短志，女婿也隨同自殺。聶出獄後看不見女兒，問妻。周穎支吾以對，謊稱赴外地開會。日久天長，聶終於獲知真相。他大哭一場，轉向安慰老伴周穎。詩題是〈驚聞海燕之變後又贈〉。我每讀此詩總會熱淚盈眶的。

願君越老越年輕，路越崎嶇越坦平。
膝下全虛空母愛，心中不痛豈人情。
方今世面多風雨，何止一家損罐瓶。
稀古媼翁相慰樂，非鰥未寡且偕行。

許多人總認為小說純為虛構的故事，這是最大的誤解。聶紺弩作過人民文學出版社古典部主任，他為了研究《水滸傳》的作者，特地從北京到江蘇一帶進行訪問考察。聶紺弩研究《水滸傳》有不可泯滅的貢獻。可是他卻作了《水滸傳》中的悲劇英雄林沖。這是令人感慨系之的事。

聶紺如從江蘇考察回京，竟然鐺鎯入獄。因他牽涉了胡風問題受到政治迫害。竟致潦倒一生。一九五八年初，他以接近花甲之年，被分派到濱臨烏蘇里江的虎林縣農墾局八五〇農場勞動改造。一日，隊長率隊員出工前，指令聶紺弩和另一「老右派」留下，負責烤乾「窩棚」濕坑。這是非常危險的事。這和林沖「火燒草料場」情節相似。北大荒當時是荒蕪地區，既無人煙，也無水源，燒坑失火，原是很平常的事。聶紺弩是右派，卻事關嚴重。鬥爭了七八場，他說：「我已五十七歲了，你們如果認為我是有意放的，說我是反革命，右派報復，說什麼就算什麼吧。」於是，他被押往虎林縣監獄，等待審判。

他的妻子周穎，千里迢迢去虎林探望丈夫。來時容易別時難，虎林車站的一幕，真令人看了心酸悲楚。

> 在虎林車站，紺弩夫婦又一次分離。周穎眼看紺弩自己背著行李，弓著腰，兩條細腿顫悠悠地一顛一顛地向農場方向走去，心裡好不擔心。遠去的紺弩猛回首，但見周穎還痴痴地佇立著，不由湧出萬般情思，凝成詩一首：
>
> 行李一肩強自挑，日光如水水如刀。
>
> 請看天上九頭鳥，化作田間三腳貓。

此去定難窗再鐵，何時重以鵲爲橋？
攜將冰雪回京去，老了十年爲探牢。（註一）

聶紺弩是一位敢於面對現實的詩人，文革開始，他看不慣當時的怪現象，不知講話批評了江青還是張春橋，一九六七年一月，他以「現行反革命」被捕，再度入獄。最令人氣惱的，他被關押七年之後，才在山西稷山縣看守所接到判處無期徒刑的判決書。被送往臨汾第三監獄執行，勞動改造。他在山西被關押十載，冤哉枉也。直到一九七六年十一月才獲釋放。他是趁著釋放國民黨縣團級以上戰犯的機會，以黃埔軍校畢業生身分，和國民黨掛上鉤才混出了監獄的大門。這樁可笑可憐可悲的秘史，留待後人去流淚評說吧！

> 我到東門外左家莊新源里看紺弩……當時紺弩正躺在一張單人床上，見我去，坐了起來，猛一見，我差點不認識了，形容枯槁，骨瘦如柴，渾身彷彿只剩下一副骨頭架子。正像她〈對鏡〉詩中所寫：「人有至憂心鬱結，身經百煉意舒平。十年睽隔先生面，千里重逢異物驚。」詩前有小序：「出獄初，同周穎上理髮館，覽鏡大駭，不識鏡中爲誰。」他自己尚且不認識自己，何況我呢？（註二）

聶紺弩的傳統詩，別具風格，有點打油味道，他曾說過：「如完全不打油，作詩就是自詩苦吃。」他也寫得一筆秀挺的王體書法。他在寫詩方面曾告誡朋友：「作詩莫寫古人今人曾寫過的思想感情。」他在北大荒寫的詩，讓人拍案叫絕。如〈

清廁同枚子〉中有「君自舀來僕自挑，燕昭台畔雨瀟瀟。高低深淺兩雙手，香臭稠稀一把瓢。白雪陽春同掩鼻，蒼蠅盛夏共彎腰。澄清天下吾曹事，污穢成坑便肯饒？」在〈伐木贈尊棋〉詩中，有「四手一心同一鋸，你拉我扯去還來」妙句。〈馬逸〉詩稿看出詩人的悵惘心情：「越追越遠越心灰，蒼茫暮色迷奔影」。即使在勞動改造時期，他依舊保持著樂觀主義精神，這是炎黃子孫的韌性特點吧。

聶紺弩在北大荒時，曾和版畫家張作良、畫家尹瘦石、丁聰、演員張路、李景波、徐介城打了一次牙祭。有紺弩詩稿為證：「口中淡出鳥來無？寒夜壺漿馬哈魚。旨酒能嚐斯醉矣，佳魚信美況饞乎。早知畫報人慷慨，加以荒原境特殊。君且重乾一杯酒，我將全掃此盤餘。」他在〈北大荒文藝〉工作時，時常搭乘從虎林到密山往來的列車，詩人看到年輕女乘務員，猶如看見自己的獨生女海燕，他寫出了「長身制服袖尤長，叫賣新刊北大荒。……兩頰通紅愁凍破，廂中乘客浴春光。」從聶紺弩的詩，可以看到他在北大荒勞動改造的真實生活。

聶紺弩有兩首寫給老伴周穎的〈贈周婆〉，傳誦一時：

一

添媒打水汗乾時，人進青梅酒一卮。
今世曹劉君與妾，古之梁孟案齊眉。
自由平等遮羞布，民主集中打劫棋。

歲暮郊山逢此樂，早當騰手助妻炊。

二

探春千里情難表，萬里迎春難表情。
本向歸期歸未得，突聞喜訊喜還驚。
桃花潭水深千尺，斜日暉光美一生。
五十年今超蜜月，願君越老越年輕。

聶紺弩的〈散宜生詩〉，是千苦絕唱，是中國知識分子慘受政治迫害的史詩。我在臥病中讀他的詩，淚如泉湧，像吃下稍多的阿斯匹林藥片，流下滿身大汗一般。聶紺弩為何取散宜生作筆名呢？還是讓他告訴讀者吧：

老夫耄矣，久自知爲散人散木，無志無才，唯一可述：或能終此久病之天年而已。因竊假「散宜生」爲號，而命所做詩爲〈散宜生詩〉云。

聶紺弩坎坷一生，遭受無盡災難。十年牢獄生活，但等出獄回家，已是百病纏身的老人，但他卻在床上，用一只約莫十六K的紙板作書桌，埋頭寫作。他患肺氣腫，雙腿萎縮，不能行動，只得躺著寫稿、看書，度過最後十年，直到停止了呼吸。

作家真的如牛，吃的是草，被人擠出來的是富於營養的乳汁。聶紺弩一生最大的娛樂享受，下圍棋。抗戰期間，他曾在共軍新四軍服務。陳毅寫給張茜的第一封情書，就是由他和丘東平送到張茜手中，後來兩人成婚。有一次陳毅找他，紺弩忙於下棋，最後陳毅只得哈哈地說：「下棋會叫人腦筋靈活，那好耍！可惜我忙，沒時間陪你下一盤！」甚至他到了晚年，依舊喜歡和老友下圍棋。

他（紺弩）的身體越來越不行，下床坐到沙發上來下棋很費事，但他下棋興趣並不減少分毫。周穎怕他勞神，我去時，一入門，她就給我打手勢，作鬼臉，所表示的是：第一、只能下一盤棋，第二、我只能輸不能贏。我自心領神會。可是，棋下到中盤，紺弩也伸出三個指頭，表示非下三盤不可。我每盤只好馬虎投子，求速戰速決，連連敗北，博得他哈哈一笑。（註三）

聶紺弩晚年愛看武俠小說，他在一首詩中，曾提及金庸、梁羽生、古龍的名字。我曾和一位武俠作者朋友談及此事。過去我向來不涉獵武俠小說，從我得悉聶紺弩晚年常看武俠小說，使我轉回頭來，改變了原來的偏見與錯誤。聶紺弩這位文學界的才子，出類拔萃的優秀詩人，他活了八十四歲，歷經人生苦難煎熬，肚子裡一定積存了不少牢騷。姑且讓我下個結論：聶紺弩看武俠小說，大抵是藉此抒解滿腹怨氣吧！

【附註】

註一　姚錫佩〈聶紺弩蒙冤記〉，刊於〈共和國洗冤錄〉，一九九三年七月團結出版社出版。

註二　周而復〈數葉迎風尚有聲〉，刊於〈新文學史料〉，一九八七年第二期。

註三　陳鳳兮〈淚倩封神三眼流〉，刊於〈新文學史料〉，一九八七年第二期。

放鴨子作家侯金鏡

文革時期，許多著名詩人、作家被下放湖北咸寧文化部幹校進行勞動改造，侯金鏡是其中的一位。咸寧的夏季酷熱多雨，氣溫常在攝氏三十八至四十度。這些被下放幹校的作家，主要任務是在荒湖中插秧，有時開批鬥會。侯金鏡患高血壓症，他是「現行反革命分子」，受到嚴格監視，頭一年隨連隊在湖裡種水稻，後來和劇作家陳白塵放鴨子，過著非常辛勞的生活。

陳白塵的《牛棚日記》，曾記錄有關侯金鏡的往事：

如今中午的休息大成問題。一般同志十二時後有三小時的午休，而鴨班的人輪休不過一小時；我等又與一般同志同住一室，別人高談闊論尚未安寢，我等又要去上班了。金鏡為此大為光火，他患高血壓，午間卻得不到片刻休息。

午後與金鏡同去水溝變鴨。鴨子缺食，不聽話，金鏡為趕鴨子摔了一跤，心中老大不忍。

他憤然說：「死了算！」

侯金鏡是文學評論家，一九二〇年九月八日生於天津。他父親是達仁堂藥店店員。他在天津讀中學時，便熱愛魯迅作品，並積極參加學生運動。一九三六年，他隨父母遷居山東濟南，因為投考高中落榜，卻每日到大明湖畔圖書館看書。他讀的除了三十年代左翼文學作品之外，也看了艾思奇的《大眾哲學》、沈志遠的《新經濟學大綱》、李達的《社會學大綱》、李昂節夫的《政治學講話》等書。這對於他後來奔向延安有一定的影響。

侯金鏡在省立圖書館結識了一位少年朋友，此人就是後來的劇作家胡可。

一九三七年夏，侯金鏡考上山東省立高中。開學伊始，日軍已迫近黃河對岸濼口。於是，他隨山東聯合中學到了湖北鄖陽。因為侯金鏡思想左傾，他和十幾位同學離校經陝南到達西安八路軍辦事處，最後分配到關中地區栒邑縣陝北公學分校。當時中共為了加緊培植幹部，陝北公學只學習三個月便已結束。該校劇團團長黃天，讀過侯金鏡的文章，便把他調到劇團服務。

一日，陝北公學校長、「創造社」作家成仿吾到分校視察，為了配合教學，指示劇團把高爾基的長篇小說《母親》改編為話劇演出。於是，這個困難的任務便落在十八歲的侯金鏡的身上。《母親》是蘇聯著名的小說，把高爾基小說中的母親尼諾夫娜和工人伯惠爾的形象再現在舞台上，若是沒有文學天才是難以勝任的。侯金鏡在濟南時讀過這部小說，他在同事的鼓舞下，完成了這齣五幕四景大型話劇。

抗戰兩週年時，中共決定由陝北公學、魯迅藝術學院大部分、青訓班和延安工人學校組成了「華北聯合大學」；陝北分校劇團、魯藝一部分學員，組成了「華北聯大文工團」。於是，侯金鏡這位一千度的近視眼，經歷了三個月艱苦行軍，行程兩千五百里，於一九三九年十月到達晉察冀邊區的河北省阜平縣。

侯金鏡初到文工團，被編在文學組。組內四人，包括寫短篇小說《我的兩家房東》的小說家康濯、組長詩人章文龍。不久，他調到團部擔任學習幹事、藝術幹事，協助團長丁里領導創作、演出工作。為了提高文藝理論水平和藝術創作水平，團部決定由侯金鏡組織學習盧卡契、高爾基、盧那察爾斯基、普列漢諾夫、車爾尼雪夫斯基等人的文藝理論著作。侯金鏡通過組織討論，輔導學習，使全體團員獲益匪淺。

侯金鏡在群眾工作中，有領導威信，他們親暱地給他起了一個綽號，叫「眼鏡」。一九四二年七月，他入黨。聯大文工團結束，他分配到冀中軍區火線劇社任創作組長。次年八月，進行文藝整風，他派到阜平縣抗聯會任宣傳部副部長。因日軍秋季「掃蕩」，他在轉移途中與敵遭遇、被俘。慘遭毆打，幸而及時脫逃。抗戰勝利，侯金鏡調到晉察冀軍區抗敵劇社，那時，他患了肺結核病，便留在張家口做群眾文字宣傳工作。

侯金鏡參加了一九四九年第一次文學藝術工作者代表大會。一九五四年調到作協《文藝報》任副主編。他對文藝工作積極、熱心，寫出大量評論文章。因為他是邵荃麟的主要助手，大連會議上，邵荃麟提出的「寫中間人物」，遭受批判，因而侯金鏡受到株連，直到「四人幫」垮台，他才獲得徹底地平反。

他的妻子胡海珠在文章中，曾這樣寫過：「他從很年輕的時候起就發現患高血壓病，頭痛、暈眩、噁心、嘔吐，常年的折磨著他。他的文章幾乎都是在和疾病做鬥爭中產生的。常常頭痛頭暈得支持不住了，就趕快躺下來休息，稍覺好些又立刻起來執筆，可是椅子還沒有坐熱，就又要躺下來喘息了。」

文革開始，侯金鏡便被宣布停職檢查，不久，列為「走資派」，每天批鬥。他說康生、江青、張春橋是「山東幫」，在一次批鬥會後，侯金鏡打掃廁所、辦公室，猛抬頭發現牆上掛著林彪的照片，他一時氣憤罵了一句「政治小丑」，卻被人聽見，竟被批為「現行反革命」。

侯金鏡是一九六九年隨作協到了湖北咸寧文化部幹校的。他在幹校種水稻、放鴨子、挑糞種菜。那時他女兒胡小明從黑龍江莫里達瓦旗來探望他，只住了數日，便匆匆地返回插隊的地方。

侯金鏡是於一九七一年八月八日凌晨，在咸寧幹校因腦溢血突發去世的。七日，侯金鏡在荒湖種菜，勞動一整天。傍晚收工回來，覺得身體不適。八日凌晨二時，第五連派人找他的岳母、妻子胡海珠說：「侯金鏡病了，叫不醒，你們快去看看吧。」只有到了這種時刻，才准許他們夫妻見面，但見到時，侯金鏡已昏迷不省人事。拖到清晨六時停止了呼吸，終年五十一歲。

陳白塵《牛棚日記》一九七一年八月八日的日記，抄錄於後：

> 侯金鏡同志今晨突然逝世，令人悲痛難已！昨日他隨菜班來大田勞動，返連以後S還要他爲菜地擔水，連續挑了十擔。夜十時時，心臟病猝發，不及搶救，延至凌晨溘然長逝。S這個「積極分子」是間接的殺人犯！侯是有名的病號，即使不給照顧，也不能如此折磨人啊。侯在鴨班時，即因時時發病，感到危險，我才建議排長調他回去，加以照顧的。不圖侯回到菜班即頂替了我原來的位置，而且加重了勞動量，與我之初衷完全相反。「我雖不殺伯仁，伯仁由我而死！」我無意中做了幫凶，思念及此，更於悲痛中增加無限悔恨？侯在文化大革命初期目睹的許多現象極爲不滿，曾言：「如果國內產生馬列主義小組，我要參加！」（大意）爲此，一度把他打成現行反革命。如今已臨近解放他了，又折磨致死，一個相當好的黨的幹部遭到如此下場，是一大悲劇！全連中可以談談的幾個人，馮牧走了，金鏡死了，我則更加孤寂了。

文化大革命是毛澤東創造的，它是以勞動來改造知識分子的思想，讓他們揚棄舊的思想意識，為以無產階級領導的社會主義革命而奮鬥。但是，他們把成千上萬的優秀作家、藝術家送到荒草湖坡去挑糞、種菜、放鴨子，這是古今中外罕見的苛政與酷刑，它戕害了中國的文藝精英，浪費了中國的青春年華，也葬送了中國無數寶貴的生命。

侯金鏡的妻子胡海珠因腿腳有病，行動不便，她被分派在蔬菜班餵豬。夫妻同在咸寧文化部幹校，卻不能會面。她只能偶爾在遠處看見他頭戴破草帽，肩上披一塊塑料遮雨布，在灰濛濛的田野間勞動。不過，胡海珠最後卻親眼看到這樣的一幕：

「一張葦席捲起他（指侯金鏡）的軀體，再用三根草繩分段綑著三道箍，像扔木頭一樣，往卡車上一扔，汽車就開走了。」（註）

【附註】

註　胡海珠：〈追思幹校中的金鏡〉，一九九八年八月一日〈文藝報〉。

馮雪峰的長征路

在當代文學史上，馮雪峰是一位徘徊在政治與文學之間的人。他有毅力、有熱情，直到他接近六十歲時，為了蒐集太平軍當初的進軍路線，前往廣西湖南和湖北，考察三個月，準備寫長篇小說。但後來發生「文革」，馮雪峰的創作計劃是竹籃打水——一場空。許我這樣補充一句，即使沒有「文革」影響，馮雪峰大抵也是難以完成他的計劃的。因為寫作比做官還要艱難。

還在三〇年代，馮雪峰就對人說過：在中國，他最佩服兩個人，一個是魯迅，一個是毛澤東。馮雪峰這句話註定了他走的是政治與文學兩條道路，既不能走到終點，也難以走向成功。這是我從許多先輩的終身實踐所獲得的結論。

馮雪峰是浙江義烏人。一九二一年在杭州參加晨光社。次年與汪靜之等詩友組織湖畔詩社。一九二七年加入中國共產黨。左翼作家聯盟成立，馮雪峰是重要的籌畫人和負責人。同時，魯迅與中共和毛澤東的思想溝通，馮雪峰扮演了中間人的角色。

馮雪峰在三十年代住在上海，擔任中共江蘇省委宣傳部長。後來因工作難以開展，中共派馮雪峰進入中央蘇區，在中央黨校校長張聞天領導下任教務主任。那時，馮雪峰妻子懷孕，不能同行，還把妻女暫時委托魯迅照料，可見他們二人感情之深。在江西，毛澤東受到黨內排擠與傾軋，內心異常苦悶。因此，他和馮雪峰閒來無事，便聚在一起聊天。有時兩人一見面，毛澤東就出題目：「今天不談別的，就談魯迅，好不好？」客觀地說，馮雪峰在魯迅與毛澤東之間編織了聯繫的紐帶。

一九三四年十月，中央紅軍開始了兩萬五千里長征。長征中，馮雪峰先在紅九軍團做群眾工作。遵義會議後，他同董必武、徐特立、成仿吾、李一氓等五人一道被編入紅色幹部團上級幹部隊做政治教員，這當然是一種保護性措施。這時毛澤東雖然已經在掌管紅軍的軍政大事，但沒有忘記自己的朋友，每每弄到紙菸，總是派人送一些給馮雪峰。對於被「左」傾教條主義搞宗派的人留在蘇區的那些優秀幹部，他們同樣繫念縈懷。瞿秋白同志英勇就義的消息就是毛澤東告訴馮雪峰的，他十分難過說：「不僅你失去了一個好朋友，我也失去了一個好朋友。」到延安後，毛澤東曾在一次談話中憤怒地譴責「教條主義借刀殺人！」（註一）

中央紅軍到達陝北後，由於抗日民族統一戰線政策，毛澤東派馮雪峰從瓦窯堡回上海工作。時在一九三六年四月上旬。馮雪峰抵上海立刻會見魯迅，傳達了中共民族統一戰線政策。四月二十七日，馮雪峰與魯迅、胡風共同商討提出「民族革命戰爭的大眾文學」口號，作為左翼作家的創作口號。從此結束了「國防文學」口號的論爭。馮雪峰在上海期間，幫助被軟禁在南京的丁玲逃往上海，再轉赴陝北。同時代表中共中央為魯迅辦理喪事。最大的功勞，則是經過他多方探尋，找回了毛澤東失散多年的兒子毛岸英、毛岸青，並派人將他們二人經巴黎轉送到莫斯科第三國際創辦的「國際兒童院」。

馮雪峰住在上海，生活非常清苦。當時茅盾夫人見他的窘狀，不忍收他的房租。他以微薄的稿費買了紙菸和十幾條圍巾，都派人送到西安，再轉給毛澤東和其他領導人。

抗戰期間，馮雪峰以馮福春的化名被捕，關在江西上饒集中營。一九四二年，毛澤東在延安得悉此一情況，當即通知在重慶的周恩來和董必武，請他們設法營救。董必武找到同鄉、國民參政員胡秋原，請他幫助。胡秋原立刻給當時浙江省教育廳長李壽雍打了電報，說明原委。李壽雍非常熱心，便向上饒集中營負責人張超，說明馮某是一個翻譯家、作家，在共同抗日前提下，應給予生活上的照顧，大抵由於這種原因，馮雪峰從此待遇改善，行動自由。不久出獄，去了重慶。在周恩來領導下做統戰工作。至於那位原籍福建的張超，來了台北。五十年代曾任國民大會人事室主任。

馮雪峰對於翻譯文學是有貢獻的。早於一九二九年起，他便和魯迅有計劃地編出一套《科學的藝術論叢書》，普列漢諾夫《藝術與社會生活》、梅林《文學評論》、沃羅夫斯基《社會的作家論》，這些馬克思文義評論作品都是馮雪峰由日文轉譯的。

馮雪峰是一位講實話的人，他領導「人民文學出版社」時期，曾一再指責青年作家文化教養不足的通病：「他們以為一九四二年（延安文藝座談會）之後，中國才開始有文學，對於外國的東西更是茫然了！」，這句話後來列為「文革」時的「罪狀」之一了。

> 在太平天國的衆多將領中，他單獨提到了石達開，不知這是由於當時適逢石達開遇害一百週年，還是由於石達開最後敗北的大渡河邊安順場正是雪峰自己長征路過的地方，從而引起了他的濃厚興趣。他說，晚期的石達開犯了分裂主義的嚴重錯誤，但在安順場被圍困時，爲了想保全他的部屬的生命，情願自縛到敵軍軍營請死，儘管釀成了一幕大悲劇，他這種愛民、愛部下的精神畢竟是很壯烈感人的，他深受他的家鄉廣西貴縣群衆的敬仰，那裡有一所中學就叫達開中學。（註二）

馮雪峰敢說真話，才受到政治傾軋，也才受到群衆擁戴。他所說的石達開的嚴重錯誤，他最崇拜的領袖就有，文革時期搞分裂主義、打擊異己分子，豈不比石達開更嚴重麼？幸而馮雪峰這是文革前的寫歷史小說的構想，否則他會被判為現行反革命分子。從他的朋友寫的紀念文章看出，馮雪峰從一九六一年在極度悲憤中，被迫將他苦心經營多年反映長征的作品《盧代之死》初稿付之一炬。從次年起，他在個人創作方面有意躲避現實題材，把目光轉向歷史，計劃寫一部描述太平天國的小說。

馮雪峰因為和胡風在上海是文藝戰友，胡風事件便被波及。一九五七年反右鬥爭，他又被錯划為右派。文革時期也蹲過牛棚，他在政治上是暗淡無光，文學作品也不甚出色，是誰害了他，讀者當會心知肚明的。

馮雪峰在魯迅的心目中，不僅是他的一位忘年知交，而且是一位中共的代表，是一位可以肝膽相照的朋友。許廣平在回憶文章中描述這類情形時說，馮雪峰和魯迅討論某件事情或某項任務時，經常聽馮雪峰對魯迅說：「先生，你可以這樣這樣的做。」魯迅說：「不行，這樣我辦不到。」馮雪峰又說：「先生，你可以那樣做。」魯迅說「以乎也不大好。」馮雪峰說：「先生，你就試一試吧。」魯迅只好說：「姑且試試也可以。」魯迅之所以如此，據他事後對人說：「站在政治立場上，他（指馮雪峰）是對的。」（註三）

從此可以證明：馮雪峰是代表中共向魯迅進行統戰的代表人物。三〇年代，當時聚集魯迅身旁的文學青年，包括馮雪峰、胡風、聶紺弩、蕭軍等人，另一批則是以周揚為首的共產黨員作家，形成對立的局面。這種對立從抗戰時期便已形成，兩方代表是胡風與周揚。一九五五年，胡風被打成「反革命集團」頭目，因此牽連了馮雪峰也成為「右派分子」、「反黨分子」，這就是文藝運動的後果。

馮雪峰和魯迅接近機會多，對於魯迅能夠思想交流，所以了解深刻。馮雪峰是根據魯迅口述寫出〈答托洛斯基派的信〉、〈論現在我們的文學運動〉；同時，眾所週知的〈答徐懋庸等關於抗日統一戰線問題〉，則是他根據魯迅的意見擬稿，由魯迅修改並得到魯迅認可的。

魯迅有兩句傳誦已久的詩：「橫眉冷對千夫指，俯首甘為孺子牛」。毛澤東認為「孺子」係指「無產階級和人民大眾」，這種解釋具有政治意義與現實意義，所有的文學家和藝術家都不敢或不能辯駁此種解釋，但是，馮雪峰卻認為「孺子」的原意只是指海嬰（魯迅獨子），這是當年在上海大陸新村魯宅，他親自聽魯迅講出來的。馮雪峰由此引申開去，批評了愈演愈烈的將魯迅拔高的時髦傾向。馮雪峰到了癌症末期，曾向他的朋友說：「毛主席晚年出於政治上的考慮，改變了原先對《水滸》的評價，這一點我很遺憾。我們對重要的古典作品應該有個基本穩定的看法。」馮雪峰對「文革」也提出批評：「毛主席晚年在一些問題上陷入了主觀唯心主義。」

然而，馮雪峰充滿感情的逆耳之言，再也難以傳達到毛澤東的身邊；因為他已經成了八億人民膜拜的神……

馮雪峰於一九七六年一月卅一日肺癌醫治無效，含冤逝世。

【附註】

註一　冼悁〈毛澤東與馮雪峰〉摘自陳微主編《毛澤東與文化界名流》，中國社會科學出版社，一九九三年五月出版。

註二　蔣路：〈只留清氣滿乾坤〉，見〈新文學史料〉，一九八五年第四期。

註三　尹騏：〈馮雪峰被打成「右派」的歷史緣由〉，見〈炎黃春秋〉，一九九七年第六期。

隔海評議畫家范曾

據說在美國紐約，一幅梵谷的作品，能夠賣到五千五百萬美元，而中國的齊白石的畫，僅能賣到數千美元，這種藝術商品化的價值評定，難道是平等麼？公道麼？我想除了一小撮崇洋媚外的文化掮客之外，極大多數的中國人是不服氣的。

中國人從事文藝工作，首先要培養氣度、人格。中國的藝術家和西方藝術家不同。在過去，文藝工作者對於名利視若浮雲，因而人與作品，毫無銅臭氣，卻充滿書卷氣息，這是可貴的傳統文化學術修養。

我國明朝時，劉宗周在其著作《人譜》中，說過這樣的話：

> 唐初，王、楊、盧、駱皆以文章有盛名，人皆期許其貴顯，裴行儉見之，曰：士之致遠者，當先器識而後文藝。勃等雖有文章，而浮躁淺露，豈享爵祿之器耶？

生活在農業社會的國度，民風樸素，生活資料單純，藝術家可以胸懷天下，從事創作。畫家石濤具有「搜盡奇峰打草稿」的毅力決心；不少作家勒緊肚皮，耐住寂寞，卻懷抱著「藏諸名山，傳留後世」的精神寫作。這種高貴的藝術家情操，宛如中國的長江水，悠悠地流淌了四千多年……

從事作畫，不下苦功是不行的。三十年前，傑出的老畫家李可染，為了鼓舞一個有才華的青年學生，曾經拿起毛筆，趁墨濃筆飽，他以如錐畫沙的筆體寫了一個條幅，題曰：

玄奘西天取經，不畏七十二難，今以此四字書贈
范曾同學

七十二難

李可染

這位劍眉、大眼、健壯英氣的青年范曾，用了二十年光陰，先攻白描，再練書法。他臨摹過我國歷代著名的畫稿，顧閎中的《轉熙載夜宴圖》、張萱的《搗練圖》、周昉的《簪花仕女圖》、張擇端的《清明上河圖》、李公麟的《免胄圖》、韓幹的《牧馬圖》、顧愷之的《女史箴圖》，他還曾臨摹過敦煌的魏唐壁畫，這艱苦的藝術勞動，又累又痛，最後范曾的右手幾乎抬不起來了！

常聽人說：中國的詩、書、畫是相通的。因為詩是藝術家的思想精神，猶如樹幹，亦如基礎；而書、畫所用的皆為毛筆，一點一頓，一句一描，都可以表現出作者的功力和思想感情。范曾說過：

中國畫離開書法，就無所謂用筆，談不上筆墨，現在很多青年畫家最缺乏的就是筆墨，而筆墨是由書法練出來的。毛筆是件妙不可言的工具，幾千年來，多少畫家運用它，發揮它的功

能，但誰也不敢稱已把它的功能發揮盡了。因爲毛筆的毛剛柔相濟，吸取的水份多寡不同，用在不同的宣紙上效果不同，用筆的力量速度又有不同的變化，令中國畫的線條進入微妙不測的領域。因此中國的線條在世界藝術之嶺獨具一格，美妙無比。

一位曾經見過范曾的台北畫家，提起范曾，面色顯得非常激動。嘴裡發出顫抖的聲音：「如果你和他在一起談話，你會聯想到希特勒；他把你看成了奴隸！」

這位畫家曾在香港和范曾商洽賣畫的事。他說：「范曾是一個罕見的狂人，跟他在一起，他連眼皮也不翻一下，讓人恨不得劈臉搧他兩耳光！」

這是值得重視的一段話。直到現在，恐怕連寫過《范曾傳》的詩人、文藝評論家徐剛也不會知道這種客觀評論。在《范曾傳》裡，徐剛記錄在八十年代初，日本藝術界為他建立了「范曾美術館」後，引起大陸美術界的強烈不滿，攻擊范曾是「桀傲不馴，氣指頤使的狂悖之徒」、是「奸商」、「投機者」、是「專為利祿而奔波的無情無義的小人」、是「噴著酒氣、醉眼朦朧中作畫的嗜杯者」、是「俗不可耐的登徒子」、「倘論畫技，也不過是偶爾有尚可之作，不懂中國畫的外國人捧場而已」……

作為一個畫家，尤其范曾是以杜甫、屈原、李白、蒲松齡歷史人物為主題的國畫家，只有繪畫的技巧還是不夠的，更重要的是要有藝術家的修養，這種修養，決不僅是和顏悅色，決不僅是不驕不躁，這正如韓愈所說的「閎中肆外」，這才是藝術家追求的目標。

我曾在台北市羅斯福路「文史哲出版社」，看到了范曾的一幀條幅，那是范曾題贈徐剛的。

鬥暑驅寒又一秋，
紅河浩淼水東流。
風雲只作尋常事，
傾洞堪淘昔日愁。
駿驥常懷千里志，
英雄莫負少年頭。
岱宗絕頂多奇境，
縱日披襟展壯猷。

「文史哲出版社」主人彭正雄展示出范曾的那幀原始墨跡，讓我欣賞，范曾最初以嚴謹的心情，冷靜似鐵，凝結如冰，躲在家中啃饅頭、嚼鹹菜，苦練白描，白描之後，開始攻習書法：臨碑從魏碑「張黑女墓志銘」起，繼而練習「禮器碑」；再練米芾、黃山谷，並以三月時間，臨摹了一百遍的「蘭亭序」，最後才寫出一筆獨創一格的毛筆字。

我從《范曾傳》中，看到這位江蘇南通的畫家，少年時代即被捧為「神童畫家」。

他在「中央美術學院」時，受到業師李可染、蔣兆和、李苦禪的寵愛；一九六二年畢業創作，范曾畫了一幅《文姬歸漢圖》長卷，獲得郭沫若的題詩、接見，親暱地稱呼那位年僅二十三歲的范曾為「江左小范」，范曾難免飄飄然起來……

在「文革」時期，成千上萬的文學家、藝術家受到政治迫害。老畫家黃永玉曾被囚禁在一間沒有窗户的小黑屋裡，他以牆壁當「畫桌」，畫了千百朵鮮艷盛開的花朵。青年畫家范曾並未坐牢，但是吃的、穿的還比不上臺灣的流浪漢；他曾離過婚，受過不少的屈辱，可是他決心成為一名傑出畫家，即使在極其艱苦的歲月，范曾也吟誦著弘一法師的名言，「手提智慧劍，身披忍辱甲」，咬緊牙關走過來了。

一九七九年夏，范曾首次隨榮寶齋代表團赴日，他的國畫〈蒲松齡〉、〈秋風之歌〉、〈達摩得悟圖〉、〈女媧補天〉、〈妙玉〉、〈易元吉〉、〈東坡愛硯圖〉，受到日本文化界的歡迎。〈產經新聞〉公佈了當代中國十大畫家，依次是吳昌碩、黃賓虹、徐悲鴻、齊白石、吳作人、李可染、錢松嵒、程十髮、白雪石、范曾。

范曾紅起來了！

一九八一年五月，范曾攜妻邊寶華赴日舉行人物畫展，共展出一百二十一幅。一幅長達一丈二的巨畫〈廣陵散〉，把日本人驚訝得瞠目結舌。日本漢學家、《紅樓夢》譯著飯塚郎當場賦詩一首，詩曰：「范曾畫師在東海，生華竟妍名士才。觀者紛紛入魂時，文化薰風吹過來」。由於這次「范曾人物畫展」的轟動，日本文化界後來在岡山建立了「范曾美術館」。范曾紅遍了亞洲、紅遍了秋海棠形狀的中國大陸！同時，范曾的脾氣大了，酒量也海了，聲音也粗了，偶而在激動時道出的「他媽的」也多了……這大概是「水漲船高」的定律吧。

文藝商品化，戕害了不少有才華的作家、藝術家；它像大都市的污濁空氣，污染了人們的鼻子、肺葉和心靈，你生氣也是枉然！范曾是被日本資本家戕害的，他卻茫然不曉，也許他終身也蒙在鼓裡。因此，我同情范曾，我從他的身上獲得了啓發，原來文藝商品化如糖衣毒藥，它把畫家范曾推進深谷，落得粉身碎骨的下場！

范曾為自己國家做了一件好事，他為天津南開大學修建了一座佔地四千平方米、價值三百五十萬人民幣的「藝術樓」。為了捐款，范曾賣畫、賣畫冊，也贏得文藝界的喝采與掌聲。

九十年代初，范曾從大陸帶著女秘書出走，先到香港，後來在法國巴黎定居。這件充滿羅曼蒂克的畫家緋聞，傳遍海內外，同時也傳到了台北。范曾瘋狂了！我至今才真正悟出聖經中的一段話：「上帝要毀滅一個人，首先讓他發狂。」是的，范曾是被日本資本家毀掉的，這是任何人也難以否認的事。

高爾基死因之謎

蘇聯十月革命時期，不少著名的詩人、小說家、藝術家搖旗吶喊，為宣傳革命奔走呼號，但等革命成功後，詩人葉遂寧、馬雅可夫斯基等人卻因感到失望而自殺。魯迅曾評論葉遂寧等人的自殺，是「碰死在自己所謳歌希望的現實碑」上的悲劇。政治干預文藝，不僅戕害作家藝術家，同時也會造成萬馬齊瘖的現象。文革十年，呈現「八億人民，八部樣板戲」現象，可作證明。

在蘇聯的二十年代初，列寧病重期間，特務機關便將一百六十名著名的作家、藝術家、教授、學者驅逐出境。這已是政治干預文藝的開端。史達林執政後，他熱中開展黨內鬥爭，用極為蠻橫粗暴的手段，進行肅反運動。史達林在〈有許多公牛圍繞我〉一篇文章中，這樣寫著：

俄國革命淘汰了不少權威人士……這些後來被革命拋棄的「名人」整整有一大串：普列漢諾夫、克魯泡特金、布列什科夫卡婭、查蘇利奇以及一切僅僅因爲他們老而出名的老革命家。我們擔心這些「泰斗們」的桂冠會使高爾基睡不著覺。我們擔心高爾基會被「死命地」拖到他們那裡去，拖到檔案庫裡去……

高爾基像詩人葉遂寧一樣，對蘇聯十月革命懷著美麗的憧憬，但等十月革命成功，看到祖國到處是破壞、飢荒、瘟疫、搶奪，「今天是無端打碎玻璃，明天是槍聲和獄中的叫喊」。最讓高爾基不滿的，過去飽受沙皇折磨的人，如今又遭受史達林的迫害。統治者為了推行無產階級文化，全盤否定了俄國古典文學遺產。高爾基苦悶之餘，在一九二一年九月二十八日給弗・伊・涅米羅維奇——丹欽柯的信上說：「我對事情已不抱希望——野蠻行為、自私和庸俗的惡浪緩緩地，但卻一浪高一浪地向我們襲來，要把我們僅存的已被弄得支離破碎的文化吞噬了去。」同年十月，高爾基被迫出國。

高爾基先在德國住了兩年，治療肺病，後來去了義大利南部濱海小城蘇連多。一九八〇年五月，我曾到過這個風光如畫的小城，遍山皆是橘園、檸檬園，青翠一片。它比那首動人歌曲〈歸來吧，蘇連多〉更為秀麗宜人。高爾基住在蘇連多，心繫故國，再加上那時墨索里尼法西斯勢力膨脹，他受到精神上的壓力。

一九二六年，蘇聯文藝界醞釀舉辦紀念高爾基從事文學創作三十五週年和他六十壽辰的活動。高爾基聽了這個消息，並不高興，他最討厭搞這些活動。但是他對於國內同胞對他的關懷，感激萬分。高爾基於一九二八年五月才返回蘇聯。

這位出身貧窮的作家，最反對沽名釣譽，永遠保持一顆謙虛冷靜的頭腦。高爾基曾告誡青年作家說：「功名是渾濁的、有酸味的液體，它對不健康的頭腦常常起很壞的作用，使服用他的人會沉醉得像喝了啤酒一樣。服用這種混合藥水應該當心，一年最多不要喝過一茶匙；強烈的藥劑會引起心臟肥大、驕氣橫溢、傲慢、自責、急躁和種重畸形的病。」

佩特蘿．潘奇回憶高爾基有一次會見烏克蘭作家時的情景，這樣寫著：

在我們歡迎他的歡迎詞中，開頭幾處有稱他爲「偉大的」的言詞，可他聽後，好像被可惡的過堂風吹得蜷縮成一團。他終於站起來，說：「同志們，我很瞭解我的身材，我被征去服兵役時，身高二俄尺七英寸。」

這是多麼質樸、誠懇而幽默的語言！

高爾基於一九二八年回國後，史達林一直想要他寫一部有關他和列寧的友誼，以及他的英雄業績的傳記，傳留後世。可是高爾基卻不肯寫，因為他實在不願意違背自己的良心。史達林是一位殺人不眨眼的獨裁者，他原是麻臉，但他的照片卻非常漂亮。他的腳上有六個腳趾。大抵在史達林展開肅反運動時，他們從沙皇檔案中發現密件，原來史達林過去是沙皇的小特務。據說列寧獲知此事，內心痛苦至極。他做夢也未料想到他拔擢的接班人竟是敵人！

讀過俄國作家索忍尼辛《古拉格群島》的朋友都知道，史達林時代勞改營的殘酷情況，實在令人心驚肉跳。當年，高爾基也曾經訪問過此地，不過高爾基卻沒有反映出真實情況。這說明了高爾基心理上畏懼史達林的高壓手段，不得不向現實低頭。當時勞改營的犯人，包括成千上萬對農業集體化抱著敵對情緒的公民、無家可歸的孩子，受托洛斯基、季諾維也夫、布哈林不同政見者牽連的工人、知識分子和共產黨員。這些懷著冤屈死於非命的所謂犯人，僅在白海——波羅的海運河工程中死去的就有十萬人。這是世界罕有的悲劇。

高爾基向史達林提出意見，對方不予理會。他想返義大利療養，卻不獲批准。一九三四年五月，高爾基的秘書、獨子馬克西姆，彼什科夫感冒，僅數天時間，莫名其妙死去，使高爾基精神幾乎崩潰。政治保衛局派來的特務克留奇科夫作了高爾基秘書，從此他與外界聯繫，來訪者能否見面，完全由克留奇科夫決定。這正如羅曼·羅蘭《莫斯科日記》所說：「老熊的嘴唇穿上了一個鐵環」。

一九三六年六月十八日，高爾基在莫斯科附近哥爾克村「患嚴重感冒，後轉為肺炎和心臟衰竭」逝世。翌年三月，在審判布哈林法庭上，布哈林被指控「從事間諜活動、叛國、搞破壞和謀殺活動，曾謀殺作家高爾基……」最後判處死刑。

作家的聲望，隨著政治人物的轉變浮沈，這是歷史的悲劇。一九八八年《俄羅斯文學報》四十五期發表安楞科娃文章。說高爾基被巧克力糖毒死，因為克里姆林宮最怕這位著名作家公開反對領導人對政敵和文學作家進行迫害，所以不得已採取了暗殺手段。

抗戰勝利的次年，我在豫南一座山城讀書，借到一冊用牛皮紙裱糊的舊書，高爾基的小說《母親》，我如同暗夜發現一盞明燈。後來，我如飢似渴尋找閱讀他的作品。高爾基生於木匠家庭，從小只讀過兩年小學，做過碼頭工、麵包師傅。他從少年起看到的是牛鬼蛇神、貪婪、暴力、剝削、殘忍、強暴婦女、壓迫善良百姓，但是高爾基卻沒有沾染上絲毫邪惡品質，這種出汙泥而不染的最大原因是什麼？既非家庭教育，也不是宗教的薰陶，讓高爾基告訴讀者吧：

> 我不喝酒，我不愛女人，書藉代替了我這兩種心靈上的陶醉，但是書愈讀得多，愈覺得不願去過那種一般人所過的在我看來毫無意味，毫無必要的生活。因而，嚮往一種刺激人們，使人們幹大事業、去犯法的強烈的感情和巨大的希望的生活。

凡是在四十年代末，看過柯靈改編高爾基劇本《底層》的電影故事片《夜店》的朋友，都會震驚高爾基對於下層社會人物思想、感情、語言、生活習慣，是那麼熟悉與瞭解，這種歸功於他確實體驗生活，而獲得取之不盡用之不竭的文學創作素材。同時，高爾基的知識淵博，是由於他讀書的多而精。他通曉文學、歷史、哲學、經濟、天文、地理，任何人和他談話，不管是演員、政客、工人、藝術家都感到有趣。高爾基聽到我國農民組織義和團，進行反帝鬥爭，他激動地寫信給契訶夫，商量一起去中國。辛亥革命成功，高爾基寫信給中山先生表示祝賀。高爾基說過一句著名的話，如今作了中國大陸各地圖書館的標語：「書籍是人類進步的階梯。」一九三六年六月，高爾基病逝前夕，他還正讀著著名歷史學家塔列爾著的《拿破崙傳》。

高爾基是作家，作家多半富於熾烈的感情。他的著名詩稿〈海燕〉中的詩句，如一團火，曾在我心中燃燒了半世紀之久。

烏雲是遮不住太陽的，是的，遮不住的！

讓暴風雨來得更猛烈些吧！

高爾基對於我國文化非常景仰，他在巴黎參觀東方博物館，曾說出這樣的話：「中國——是個天才的國家，但是它給予歐洲文化的影響卻很微弱，這是因為天才在那裡總歸還是受到壓抑、限制的緣故。天才應當珍惜。」

是的，高爾基的這番話，用在俄國、中國都很貼切、適用。高爾基死於一九三六年六月十八日夜晚，六十年來，關於這位著名文豪的死因，一直眾說紛紜。總的來說，高爾基死於約瑟夫·史達林之手應該是蓋棺論定的。

我是吳宓，給我開燈！

在戰火紛飛的年代，在抗日烽火燃燒大江南北時期，國立西南聯合大學（北大、清華、南開）曾在長沙、南岳、蒙自、昆明等地，堅持教學，培養出譽滿全球的諾貝爾獎的得主，和不少著名科學家、文學家和藝術家。當時該校「外國語言文學系」有五位著名的教授，他們是吳宓、葉公超、吳達元、柳無忌，以及英國威廉・茵卜遜。

六十年代末，葉公超先生寂寞潦倒，他時常從天母到中華路國軍文藝畫廊看畫。那時我兼任《文藝月刊》主編，他曾跟我啜著咖啡，談起吳宓的趣事。

吳宓的傳統詩寫得非常好。他年輕時為了追求一位女孩子，曾寫了長達七年的情詩。這是令人感動的毅力與精神，最後「海倫」琵琶別抱。吳宓灰心之餘，奉勸天下青年人別談戀愛，「此事百害無一利」。葉公超談起這件事，曾帶著無限的懷舊心情，發出苦笑。

葉公超、吳宓在抗戰以前同在清華大學西語系執教，感情甚篤。吳宓推崇英國維多利亞時代詩人阿諾德Mattew Armold，他著作豐富，影響深遠，強調詩歌創作的現實意義。大力倡導對於「甜蜜與光明」的追求。阿諾德在一百三十年前說過這樣目光如炬的話：「文化所能望見的比機械深遠得多，文化具有一種偉大的熱情，這就是甜蜜與光明。它甚至還有更大的熱情，使甜蜜與光明在世上盛行。我們必須為甜密與光明而工作。」

所謂「甜蜜與光明」這一個詞語，原出於十九世紀英國作家斯威夫特的〈書籍之戰〉。有一隻蜜蜂飛進圖書館，被黏在牆角蜘蛛網上。蜜蜂拚命掙扎，逃不出去，跟蜘蛛爭吵很久，對方毫不讓步。最後蜜蜂只好把希臘人伊索請出來評理。

伊索說：「蜘蛛會結網，技術固然不錯，所用的材料也是自己的，沒有依賴外援，很好。不過，你肚裡吐出來的除了汙垢，沒有別的貨色，製作出來的只是屋邊牆角陷害昆蟲的塵網罷了。但是，蜜蜂飛遍大自然每個地方，擷取精華，釀蜜製蠟，為人類帶來兩樣最寶貴的東西——甜蜜與光明。蜜蜂的勤勞精神，了不起呀！」

蜜蜂一年到頭飛來飛去，採擷樹叢的花粉，釀蜜製蠟，為人類帶來「甜蜜與光明」。蜜蜂的工作是忙碌辛勞的，也是呆板無聊的，而且讓人看起來蜜蜂很笨。英國作家斯威夫特的這篇寓言作品，比他的流傳世界的《格列佛遊記》還好，它帶給我致學的啟發與反思。

錢鍾書曾評論他清華大學的西語系教授：「葉公超太懶，吳宓太笨，陳福田太俗。」是的，吳宓像蜜蜂一樣笨，「他左手抱著幾冊洋裝書籍，右手執著手杖，篤篤地點著地，走起路來直挺挺的，目不斜視。吳先生似乎有一顆略大的頭顱安放在比較瘦小的身軀上，頭髮微禿，據說不過四十歲左右，卻是做學問做得像個老學究了。……當他講到但丁的《神曲》時，做著手勢，比畫著天堂與地獄，一會兒拊掌仰首望天，一會兒低著頭蹲下，使我們笑了又笑。」

當他講到但丁對貝亞特麗奇的那段戀情時，大呼Beatrice！更是動了感情，這門歐洲文學史經他一講，那可真是生動至極的！」（註一）

吳宓是一位非常固執、勤奮、剛正不阿、嫉惡如仇的學者。季羨林曾這樣評論他：

> 雨僧先生是一個奇特的人，他身上也有不少矛盾。他古貌古心，同其他教授不一樣，所以奇特。他言行一致，表裡如一，同其他教授不一樣，所以奇特。別人寫白話文，寫新詩；他偏寫古文，寫舊詩，所以奇特。他反對白話文，又十分推崇用白話寫成的《紅樓夢》，所以矛盾。他看似嚴肅、古板，但又頗有些戀愛的浪漫史，所以矛盾。他同青年學生來往，但又凜然、儼然，所以矛盾。總之，他是一個既奇特又有矛盾的人。我這樣說，不但絲毫沒有貶意，而且是充滿了敬意。雨僧先生在舊社會裡是一個不同流合汙、特立獨行的奇人，是一個眞正的人。（註二）

去年六月，我隨文學訪問團路過西安，曾和當地學者談起吳宓先生。吳宓是外國文學界的前輩教授，他為中西文化交流方面培養了大批人才，作了偉大的貢獻。

西安近年已舉行三次國際吳宓學術研討會，並且出版兩本紀念文集。可惜形色匆促，我未曾看到。不過，我卻聽到也看到吳宓晚年的淒涼與悲慘遭遇。「吳（宓）先生不願批孔，被打成現行反革命，批鬥時被人打壞了一條腿，後來又兩眼失明，生活無法自理。在生命快結束前，他低低地呼喊：我是吳宓教授，給我開燈！」（註三）

【附註】

註一　楊苡〈也談吳宓先生〉，《東方文化周刊》一九九七年第廿九期。

註二　季羨林〈回憶吳宓先生，序文〉，陝西人民出版社一九九〇年印行。

註三　趙瑞蕻〈甜蜜與光明〉，《東方文化周刊》一九九七年第廿九期。